创投美利坚

巧解中美企业间的融合共生之道

郭志新 著

浙江人民出版社
ZHEJIANG PEOPLE'S PUBLISHING HOUSE

01　1988年，Simon与美国新泽西州州长合影

02　Simon与美国前国务卿基辛格合影

03　Simon与英国前首相希思合影

04　Simon为中国企业家引进全球著名的乔治·华盛顿大学工商管理培训课程

05　Simon应邀参加中外企业家交流论坛并演讲

06　Simon与美国托莱多市市长迈克尔·贝尔

07　Simon为阿里巴巴数千名客户进行培训

08　Simon于2002年创办中国CEO俱乐部并担任第一任主席

09　美国托莱多市市长代表团在深圳比亚迪汽车公司

10　美国托莱多市市长代表团受到了中国企业的热情接待

11　Simon在美国托莱多大学演讲，左侧为托莱多大学校长
　　Dr. Lloyd A.Jacobs

12　Simon带领美国托莱多市市长代表团考察中国企业，左
　　一为托莱多市市长迈克尔·贝尔

13　Simon帮助中国企业成功引进美国红狮生物能公司的先
　　进技术

14　托莱多市，美国俄亥俄州第三大城市

15　托莱多艺术博物馆

16　美国的托莱多大学

17　托莱多港是五大湖区最大的港口

18　托莱多大学视觉艺术中心

19　座落在托莱多市莫米河畔的美国黑人
　　运动领袖马丁·路德·金纪念桥

20　五大湖国际商品交易中心

自序

世界本不该有墙

"其国去中国十万余里,民物咸若,熙皞同风,刻石于兹,永昭万世。"

——古里(今印度科泽科德)郑和所立石勒碑碑文

  我站在广州的街头,南国大都市的繁华与活力扑面而来。广州作为中国广东省的省会城市,可以承办亚运会这样的大型赛会,其实力让人觉得不可思议——要知道,在1990年的中国,只有身为首都的北京,才敢说自己有实力承办亚运会。单单这样的变化,就足以说明中国在这20年间取得的伟大成就。

  夜幕下的广州,丝毫不比美国东海岸的那些大都市逊色,这里人潮涌动,车水马龙。夜色里,广告牌、霓虹灯甚至是超大的LED广告屏铺天盖地。置身于此,我产生了一种错觉,仿佛这里不是中国的广州,而是美国曼哈顿的时代广场。在这里可以找到任何一个国际知名品牌的广告:可口可乐、索尼、三星电子、诺基亚、HP、佳能等随处可见。而远处挂满霓虹灯,由英国公司设计的广州塔更是以亚洲第一的高度俯视全城,让人叹为观止。面对这一切我不禁有些感慨,中国正在逐渐崛起,或许不久的未来,中国将再一次领跑世界!然而,可惜的是在美国曼哈顿时代广场却找不到中国品牌的痕迹。即便在广州街头,广告也主要是中国移动、中石油、国家电网这些"老大"独占鳌头。近期,中国政府在美国时代广场播放的国家形象片引起了全球的注目,效果极佳,这是一个很好的开始。

  走在珠江之滨,我不得不承认,这是一个伟大的城市,我们正身处一个伟大的时代。中国正以一种特殊的方式向世界展示它的强大和活力。回想在600多年前的1405年,正处于国力顶峰的大明王朝,派出了它庞大的舰队,开始了历时28年的海上远征。郑和带着他的水手远赴南洋,曾经路过广州。他们行色匆匆,赶着去向世界展示大明帝国的强盛。但是随着郑和最后一次航程的谢幕,大明帝国也开始了它漫长的闭关锁国和衰落之旅。在600年后的我们看来,大明帝国的衰落与郑和的远征对比是如此明显,以至于我们不敢相信,这是发生在同一个王朝中的事件。那个时代的中国,本可以走向世界,成为海洋大国,而它又是怎样退回大陆,走向衰落的呢?

在我看来,这一切是那么神奇,也是那么理所当然。要知道,郑和的舰队走向了海洋,但是他们的思想却依然禁锢在中国人为自己修建的"长城"之中。今天,Made in China 的产品充斥着全球市场,然而中国人的思想,中国人的灵魂,中国的品牌真正走向世界了吗?

中国有着令世界称奇的文明和历史,早在两千多年前就开始在北方修筑长城。在西方人眼里的 Great Wall,修筑了一辈又一辈。中国人眼中固若金汤的屏障,挡住了我们的梦想和雄心,却很少能抵挡住北方游牧民族入侵的铁蹄。我们的思想被禁锢在大墙中。在大墙内,我们又修筑了一个个城墙,一个个院墙,甚至在屋子里也要有墙一样的屏风。墙让我们觉得安全,也让我们在故步自封中安享太平。鸡犬相闻老死不相往来的寡民小国是我们的乌托邦。我们躲在自己的世界里称王称霸,占据中心,自诩中国。我们在墙里建筑自己的辉煌,让整个世界在墙外揣测,在墙外张口结舌。他们负责惊讶,我们只负责安逸生活。

600 多年前,大明帝国的皇帝、郑和、舰队的水手,以及大明帝国的大多数臣民们都顽固地认为,世界虽大,只有中国是天堂。在这个世界上虽有无数人,但只有中国人是可以教化的,其他人都是蛮夷。他们虽然走出了探索世界、征服海洋的一大步,可思想却依然沉浸在那座城墙中,连一小步都没有迈出——既然墙内是天堂,又何必走出围墙,让围墙外面的蛮夷们去惊叹好了。而早在1492 年,一个叫做哥伦布的蛮夷便已经开始了探索世界的航海之旅。他以及他所代表的民族,真正走出了自己的国家,并深刻地影响了世界。

而我们直到现在,依然没有走出那座墙。一张张低附加值的订单让我们积累了财富,可我们却从未在意,墙外的金融资本把包袱甩给我们,又去创造利润丰厚的高附加值产业链了。他们固然离不开我们,但我们的成功与失败其实都掌握在他们手中——那一张张海外的外包订单决定着我们"生存还是毁灭(To be, or not to be)"。

2001—2011 年,我作为美国美华公司的企业采购代理,走遍了中国的东北、长江三角洲、珠江三角洲和大西南,见过无数有进取精神和冒险精神的中国商人。尽管他们生活在全球化的 21 世纪,可他们依旧在祖先建筑的墙中创业、奋斗。在中国中小企业密集的江浙一带，那里的中小企业主们一个个成为富豪，又一个个负债累累，谁也无法保证能够永远赚钱。一切如同烟花，很灿烂，但只有短短的一瞬间。江浙一带的中小企业创造了无数的经济奇迹，但生存状态却极不稳定。他们不知走出围墙，和国际品牌一争高下，只满足于为了可怜的加工利润在墙内和其他中小企业捉对厮杀。他们陷入混战的泥潭，却忘记了墙外的外国采购商们正在微笑着俯视这一切，然后再狠狠地杀价。

郎咸平教授曾经说过：浙江生产的芭比娃娃出口价是 1 美元，到沃尔玛超市后却卖 9.99 美元。这将近 9 美元的差价，都被美国掌控，它可以在整条产业链中收回 9 倍产值。这就是江浙一带的中小企业所面临的尴尬困境——我们在浪费资源、破坏环境、剥削劳工的基础上，仅仅创造出 1 美元的价值。而创造这1 美元的价值之前，我们还要和自己的同行打得头破血流才行。

这是一场新一轮的"蛮族入侵"。正如中国古代历史上曾经重演的无数故事一样，铁骑弯刀踏过长城，他们带来破坏，也带来勃兴。在兼容并蓄了外来文化后，中国将迎来真正的盛世。只不过我们的祖先们为创造盛世，付出了太多代价。我觉得，面对新一轮的资本扩张，不要再等铁蹄踏过长城后再仓促抵抗。我们应该走出高墙，主动出击，用美元去击溃美元，用订单去打垮订单，用中国研发、中国资本、美国制造去代替世界工厂的 Made in China。

其实智慧的中国人，并不都愿意懒洋洋地待在"天堂"中享受泱泱大国的迷梦与骄傲。曾几何时，一波又一波的中国人下南洋，奔向大洋彼岸那个叫做美国的陌生国度。在他们心中，故土固然值得留恋，可在太平洋的另一端，那是他们心中可以给妻儿带来幸福的"金山"。这一群又一群怀揣梦想的普通中国人，走出了国门，走出了围墙，走出了五千年来我们为自己树立的一道道藩篱。他们是那样的义无反顾，是那么的决绝坚强。

当这些还留着辫子的中国人踏上金山的海港，发现这里已经没有了金子，是"旧金山"。但这并没能浇灭他们心中的梦想，他们在上船时还习惯用锄头，如今下了船，又操起了洋镐、铁锹，开始在修建太平洋铁路的工地上挖掘自己的幸福。

在那一锹一锹的冻土中，凝聚了一代中国人的血泪，也凝结了一代中国人的梦想。而每一个中国人追求幸福与梦想的努力凝结在一起，最终汇成这条全长近 1100 公里的中央太平洋铁路上。这条重新塑造了现代美国的伟大铁路最

艰险的路段,是由以中国人为主的工人修建的。

"所有这些伟绩都是在机械化时代到来之前完成的。这是用镐、用锹、用铁锤和铁钎完成的,是靠肩挑土筐、单套马车拉土完成的。"华裔学者陈依范如是说。在整个太平洋铁路修建的过程中,看上去羸弱不堪的中国劳工,却屡屡创造着建筑史上的奇迹,把同样承担筑路任务的爱尔兰劳工远远地甩在身后。

时光流转,如今走出国门、走进美利坚的中国人,再也不是当年的筑路工人,也不是那些在华人餐馆里刷盘子的小时工。如今的中国人,更有自信,更富于创造力,更生机勃勃。这些走进美利坚的中国人,再也不必像先辈那样,用中国菜、中国话、中国古典小说去征服、打动美国人。他们的商人身份足以使他们在美国这个崇敬成功商人的国度,赢得应有的尊重。而这样的中国人,还是太少了。我觉得,还应该有更多的中国人,走出国门,睁开眼睛看看这个瞬息万变的世界。

这世界本不该有墙,我们却建立了它,以为可以保卫自己的天堂,没成想这却成为了我们思想的藩篱。当我们真的走出了围墙,我们才发现,世界的竞技场已经被摧垮,在这里,我们本该跑得更快、更好。

真正走出中国,才能走向真正的复兴!

序言一

美国托莱多市市长 迈克尔·贝尔（Michael Bell）

身为托莱多市市长，我在一年之内先后两次访问中国，正在快速发展的中国无疑给我留下了深刻的印象。同时，让我更加清晰地认识到发展中的中国与美国之间有着极强的互补关系。作为一个老的工业城市，托莱多市需要注入新的发展活力，更加需要融入多文化的国际元素。对这一点，我坚信无疑。

托莱多市有着极佳的发展空间，如完整的城市基础设施、友好的商业环境以及得天独厚的地理位置，特别对于联通中美之间的新贸易模式有着广泛的合作基础。同时，托莱多市又是一个非常适宜人居、资源丰富的好地方。

托莱多市有着很多特质，在我担任市长期间我做了重要的观察。由于没有一个合适的人去讲述托莱多这座城市的故事，使得托莱多市本身的优势没有被人们充分地发掘，而使它有些默默无闻。而当我们跨越文化和语言的障碍来讲述托莱多市时面临的挑战更大。事实上，中美之间可以改善沟通，进一步发展互惠互利的友好合作关系。

在过去的两年中，我有幸与 Simon Guo 结识，并通过之后的两次中国之行对 Simon 有了更加深入的了解。Simon 已经成为讲述托莱多市故事、加强中美文化交流的关键人物。他认识到托莱多市独特的优势，并积极与当地商界领袖接触。更重要的是，他说服了我和许多商界人士开始发展与中国同行的关系，并有望为美国带来投资。在 Simon 的协助下，托莱多市在吸引中国投资方面已经颇有成效。

Simon Guo 先生撰写的《创投美利坚》一书，正是他在 20 多年跨文化、跨国度商业活动中所积累的宝贵经验的完美体现。通过翻译口述介绍，我对此书有了大致的了解。现在，我盼望着英文版《创投美利坚》尽早出版，在大饱眼福的同时，可以更加深入地了解 Simon Guo。

序言—英文

As the mayor of Toledo, I have visited China twice, and I am deeply impressed by its rapid development. I have also noted a strong complementary relationship between China and the United States. I firmly believe that the city of Toledo with its brilliant industrial tradition is destined to revitalize itself by integrating with various international partners.

Toledo is a city with tremendous capacity for growth. It boasts an adequate urban infrastructure, friendly business environment and a unique geographical location, all of which establishes a strong foundation for cooperation covering a wide range of business collaboration between China and the United States.

Toledo has a great many attributes, but in my time as Mayor I have made an important observation. All of these assets become underappreciated and insignificant without the right people to tell our city's story. This is an even greater challenge when we work to communicate that story across cultural and language barriers. In reality, both the United States and China could improve upon our communication to further develop a mutually beneficial and cordial relationship.

Over the past two years, I have had the opportunity to meet and get to know Simon Guo during his visits to Toledo and my two trips to China. Simon has become a key component of helping Toledo tell our story and bridging the gap of mutual understanding between Chinese and American cultures. He recognizes the unique advantages of Toledo and has actively engaged with local business leaders. More importantly, he has convinced me and many business people start developing relationships with our counterparts in China with the hope of bringing investment to the United States. With Simon's assistance Toledo has already begun to realize positive results.

Simon's book, "*Smart Investment in USA*" is the reflection of his years of experience in cross-cultural business activities. I have a general picture of this book through Simon's verbal interpretation, but have also seen his guidance in action. I am more intrigued to read it myself when it is published in English version, and I am sure that I will know Simon better that way.

序言二

美国五大湖区经济发展协会（RGP）
主席　丁·蒙斯克（Dean Monske）

作为 RGP 主席，我与 Simon Guo 既是非常愉快的工作伙伴，同时也是要好的朋友。我与 Simon Guo 是在两个不同文化环境中成长起来的同龄人，我们在过去 20 多年的职业生涯中有着不同的经历和背景。然而，这一切并没有影响到我们彼此间深层次的交流以及相互的信任。事实上，这种背景上的差异恰恰使我们之间形成了良好的互补。特别是在以托莱多市为中心的西北俄亥俄州的经济发展方面，Simon Guo 与我达成了高度的共识。为此，我们决定在中国的北京和深圳分别建立 RGP 的分支机构，并委派 Simon Guo 先生担任中国区总裁。

RGP 主要宗旨就是支持区域内的企业拓展新的发展渠道，特别着眼于带领当地企业开拓国际视野。协会会员包括世界 500 强商业领袖、本地区的重要商业机构及科研学术机构的领导者等。大家共同努力的目标就是重振托莱多市在以往工业时代的辉煌，并力争将托莱多市打造成为一个新型的国际化都市。

在过去的一年里，RGP 先后参与接待了来自中国的数十家企业，其中多家企业已经投资托莱多市，并将托莱多市作为其在美国发展的新起点。在此，我代表 RGP 及当地企业界向 Simon Guo 先生表示感谢，对其为中美两国经济交流所做的工作表示高度的赞赏。

《创投美利坚》一书的出版，展现了 Simon Guo 先生对投资美国的创新理念及方法。作为 Simon 的好友，我已经同意在 2011 年晚些时候与他联合出版该书的英文版。在此，我再一次对 Simon Guo 表示祝贺，并借此机会欢迎来自中国的客人造访托莱多市，欢迎你们在托莱多市开拓事业、享受生活。

序言二英文

As the President of Regional Growth Partnership, I see Simon both as a pleasant partner to work with, and a close friend of mine. Simon and I are peers in age, but growing up in two different cultural environments. In the past 30 years or so, we went through all different experience in both our education and careers, and of course, we were living in two different countries-China and United States. . However, nothing seems to affect us in developing the friendship, and more so, the deep-level trust to each other. As matter of fact, the background difference makes us so complementary to each other in term of enhancing the business exchanges between our region and many parts of China. And for that, Simon and I have reached consensus to consolidate our resources by establishing two RGP branch offices in Beijing and Shenzhen, and I appointed Mr. Simon to serve as the President of RGP China.

The primary objective of RGP is to support the businesses in the region to innovate with new ideas, and business endeavors by networking with both domestic and international circle, and RGP is currently focusing on leading local enterprises to engage in international initiatives. RGP members come from various background including business leaders of Fortune 500 and major business organization and academic institutions in this region. Our shared mission is to revitalize Toledo with its past glory in business and industrial development, and strive to build Toledo to a new hub for international businesses.

In the past year, RPG has accommodated dozens of companies from China, among which, several companies have already invested in our re gion, and making Toledo as their new home and business presence in the States. Here, on behalf of the RGP and the local business community, I

definitely recognize Simon's effort trying to make things happen, and we are fully behind him.

"*Smart Investment in U.S.A.*" shows the innovative ideas and ways to do business in the United States, and in fact, Simon and I have decided to jointly publish the book in English version later this year. Here, I once again congratulate Simon for this new book, and I would also take this opportunity to welcome guests from China to visit Toledo to explore the business opportunities and enjoy the fine living in Toledo. RGP will definitely be your host when you visit us here in Northeast Ohio.

序言三

浙江省前副省长
浙江省企业家协会主席 龙安定

　　我与郭先生相识在一个偶然的聚会上,在我们接触的过程中,我了解到郭先生曾经在国家级的对外交往活动中担任过重要的角色。为此,我对郭先生自然而然地产生了好感,并于2011年年初邀请郭先生加入浙江省企业家协会,与他一同前往四川参加两省企业家的交流活动。一路上,我与郭先生进行了较为深入的沟通,围绕着浙江出口型企业在未来发展与走向等方面的话题进行了探讨。我对郭先生提出的海外投资创业新理念很感兴趣,并对他那严谨的处事风格大为赞赏。

　　2011年5月份,郭先生专程带领来自美国托莱多市的市长代表团访问杭州。郭先生及美国客人对托莱多市的介绍很值得浙江企业家进一步探讨和研究,特别是托莱多市所处的地理位置非常适宜我们中国企业打开北美市场,在仓储物流、工业技术方面的优势尤其突出。面对日益艰难的外贸生意,郭先生似乎给我们浙江出口型企业拓宽了视角,引入了新的思维模式。

　　在《创投美利坚》一书中,郭先生通过大量案例及个人经验为我们提出了一些很实际的观点和操作方法。在此,我特别对那些有意向在海外发展的企业及个人推荐此书。同时,我对郭先生在中外交流方面所取得的成就表示祝贺。

序言四

五大湖国际贸易集团董事长　李振国

多年来,我做事的原则很简单,主要看做事的人。人品加能力是我这么多年选择合作伙伴以及挑选员工的主要准则。我本人及我的企业在过去从未有过海外业务发展方面的真正尝试。当我的得力助手樊利星向我推荐他的大学同学郭志新时,我才开始有了走出中国去做些事的想法。

记得我在公司第一次见到志新时,他对想做的事情表现得信心十足。我听取了志新有关五大湖国际商品交易中心项目的介绍。可以说,在短短的半个小时内,我基本上做出了投资的决定。之后,我本人专程来到托莱多市,与当地的政府及企业界进行了接触,印象很好,尤其被托莱多市市长贝尔的风范所感染。在我们双方进行深入的交流后,贝尔市长特别提出他与我本人在人生价值观上完全一致。事实上,价值观决定人生。志新、贝尔市长、RGP 主席丁·蒙斯克、俄亥俄州州长、著名企业家鲁道夫先生等人与我的交往,都让我觉得这是一些可以共同谋事的人,这些人最终促使我做出在该地区投资的决定。

这么多年的生意经验,让我得出了这样一个体会,那就是无论你做什么,你的成功与失败是与大势息息相关的。这种大势决定了中国和美国这两个世界上最具有影响力的国家之间需要加强合作。

《创投美利坚》一书表现了志新对当今世界经济环境大趋势的判断与看法,通过声情并茂的语言以及真实的案例,向我们展示出中国企业,特别是中小型企业以最低成本夺取海外市场的有效方法与途径。因为我深知,仅靠中国中小企业自身的力量去实现真正的走出中国是很有难度的。志新创造的这套理念与思想,源于他 20 多年国际商业操作经验,这是奠定五大湖国际贸易集团商业模式的基础。

在此,我期盼着与众多的中国企业家共同在美利坚创造新的商机,将我们的企业推向国际市场,做大做强。

目　录
CONTENTS

自　序　世界本不该有墙 / 1

序言一　迈克尔·贝尔 / 5

序言二　丁·蒙斯克 / 8

序言三　龙安定 / 11

序言四　李振国 / 12

第一章　谁为我们埋单 / 1

危机前夜 / 2

没有电子商务,中国就不是世界工厂吗? / 4

中国式的危机 / 7

谁为我们埋单 / 9

经济周期与软着陆 / 11

第二章　少些误会　多些共赢 / 13

彼此都是"老外" / 14

　自行车·微笑·米饭 / 15

　被世界关注的尴尬 / 17

从 G8 到 G2　中美合作势在必行 / 20

　G8,美国主导的富国俱乐部 / 20

　BRIC 金砖,中国领衔的新兴经济体 / 21

　G20,中美携手的 G2 / 22

第三章　软件工程师和尿不湿 / 25

印度软件工程师——美国的选答题 / 26

　　繁荣:曾经那么接近班加罗尔 / 26

　　繁荣:美国进步的副产品 / 27

　　繁荣:美国的多选题　印度的单选题 / 30

中国制造的尿不湿——美国的必答题 / 34

　　没有中国行不行? / 34

　　"中国制造"威胁了美国? / 35

第四章　热钱何处去 / 39

票房狂躁症——中国电影票房 100 亿元后的思考 / 40

滚滚钱潮何处去 / 43

　　脆弱的中国股市,能实现你的财富梦吗? / 43

　　房产新政,最后的财富狂欢? / 44

　　砸钱去升级,不过是痴人说梦 / 47

热钱是柄双刃剑——从热胀冷缩的越南说起 / 49

　　热钱力挺越南小虎 / 49

　　釜底抽薪——爆炒越南危机的热钱 / 50

　　别让热钱水土不服 / 51

第五章　中国制造蜕变记——登陆美国 / 55

孙先生的事业沉浮记 / 56

拥有一个外国品牌 / 58

　　出产地不代表出身　品牌力量更大 / 58

　　印度人的"陆虎",中国人的"沃尔沃" / 59

拥有一家外资企业 / 62

　　转换身份后的新机遇 / 62

　　从美国走向中国 / 65

来自美国的中国制造 / 68

中国制造的用工荒危机 / 68

劳动力成本上升困扰中国企业 / 69

美国政府在招商 / 71

美国制造 中国拥有 / 73

如何登陆美国 / 75

第六章 中国制造升级记——创投美利坚 / 77

将非常"6＋1"收入囊中——中国制造的升级之路 / 81

升级实例 吉利收购沃尔沃 / 85

质优价廉是吉利的短板 / 85

天之骄子沃尔沃 / 86

升级后,吉利明天更美好 / 88

并购余波 / 89

拾宝不成,反成烫手山芋 / 91

TCL 的国际化之梦 / 91

赢了天下 难稳人心 / 92

黄粱一梦十年醒——并购不要学日本人 / 95

"日本的第 41 个县" / 95

为并购而并购,注定要失败 / 96

中国不要成为下一个滞胀的日本 / 98

规避陷阱 法律先行 / 100

海外并购中的法律风险 / 100

并购后的法律风险 / 102

中国企业应对海外并购法律风险的对策 / 103

第七章 中国资本扩张记——置业美国 / 105

投资、置业、移民三部曲 / 107

置业美国 体验不同的文化 / 109

美国的人居 / 109

美国的教育 / 110

美国的医疗体制 / 112

美国的社会安全福利制度 / 114

成熟的市场与制度 / 117

置业美国　正是买房抄底时 / 120

大肆购房的美国人 / 120

华人的直觉 / 121

中国人的又一波抢购狂潮 / 125

美利坚魅力何在? / 126

第八章　Hello,美利坚! / 129

赴美之前 / 130

如何写招商书 / 130

了解你的伙伴 / 132

赴美之旅需要一位好翻译 / 135

不要戴着有色眼镜看老外 / 138

商务之旅 / 140

如何敲开美国的国门 / 140

商务出访要公私分明 / 143

做生意不必找市长 / 144

谈判中要勇于说 No / 148

抛开面子 / 150

融资上市,你想明白了吗? / 151

如何与外商打交道 / 154

美国式幽默 / 154

该说的与不该说的 / 156

读懂美国式的热情 / 159

红酒与白酒 / 161

被冤枉的香水 / 163

演讲的力量 / 164

学会"女士优先" / 167

管好你的手机 / 169

后记 / 172

附录 / 175

第一章

谁为我们埋单

危机前夜

2008 年 9 月 15 日,是个普通的日子。这天,我正在家里看电视,当看到美国雷曼兄弟破产的消息时,我不禁大吃一惊。旅居美国多年的我十分了解雷曼兄弟的厉害,众多的 500 强企业都是他的客户,如阿尔卡特、美国在线时代华纳、戴尔、富士、IBM、英特尔、美国强生、乐金电子、默沙东医药、摩托罗拉、NEC、百事、菲利普莫里斯、壳牌石油、住友银行、沃尔玛等。这样一个金融界的庞然大物居然申请破产保护,看样子美国经济真的出大麻烦了。

我尽管觉得吃惊,但并没意识到这其实只是多米诺骨牌中的一张。拥有158 年历史的金融机构——美国第四大投资银行、雷曼兄弟公司宣布破产保护,影响的将不只是"老美"。从这一刻起,恐怕"老中"、"老欧"也不能幸免。

这一次在美国引发的金融危机让中国深受其害。从 2001 年到 2008 年,我曾为一家美国公司担任中国区的采购总代理,遍访了中国各地的外贸型生产企业。特别是与江浙一带的中小企业主接触最多。这些年来,我的突出感觉就是江浙乃至全国的中小企业,尽管是中国经济发展的重要推动力量,有些老板个人赚了很多钱,但它们就像典型的中国制造模式一样,靠的不是创新和高附加值,而是靠劳动密集型的劳动力和高耗能来维持。

尽管中国的中小企业占到全国企业总数的 90%以上;尽管每年中小企业创造的最终产品和服务价值,在国内生产总值中占到了六成;尽管每年中国的税收中,有一半来自中小企业;尽管全国城镇就业岗位的 80%也是中小企业解决的,可中国的中小企业依然经不起折腾。它们总量规模惊人,但缺乏抵御风险的能力,外界经济环境有个风吹草动就让他们胆战心惊。就连一场原材料价格的上下波动,也足以要了成百上千的中小企业的命。

其实早在金融危机爆发前,我们的中小企业就已经感到日子难过了。从2006 年开始,已经有很多中小企业主内心开始打鼓,他们意识到自己所从事的制造业面临的各方面压力。尽管很多圈儿外的中国人都认为中国是世界工厂，全世界都充斥着"中国制造"，认为中国的制造业"钱途"一片光明。但是圈儿内的企业主们深深体会着在制造业中拼死拼活的滋味，晚上是好哥们一起喝酒谈心，白天就变成了商场上的对手，同行压价、恶性竞争时有发生。另外，原材料成本的不确定性、拉闸限电、人民币汇率的升值、新《劳动法》的出台、出口退税政策的执行不当以及中小企业的沉重税费负担，都让制造业的中小企业举步维艰。

中国特别是江浙一带的广大中小企业主们对形势作了一个正确的判断，但在投资方向上又作了一个错误的决定。他们对中小企业发展前景的判断是正确的，他们从制造业中及时抽出了资金，让自己的损失降到最低，可以说，这是多年来在商场上残酷竞争培养出的敏锐嗅觉帮助他们作出了正确的判断。然而，接下来的决定却让他们中的很多人叫苦不迭。

他们到底做了什么呢？他们把积累的大量资金投入到国内的楼市和股市。2006年的中国楼市与股市一路上扬，处处飘红。所谓的繁荣景象让走进股市、楼市的中小企业主们不禁惊呼——没想到钱这么好赚。可是谁也没想到，飞得更高也意味着摔得更狠。事实证明，2006年中国的股市和楼市都是泡沫，泡沫退去，市场崩盘，一夜之间倾家荡产的人绝不在少数。

那么，或许会有人问，我们的出路到底在哪里？继续生产的企业该如何发展？有没有更好的高招，使企业更上一层楼？

没有电子商务，中国就不是世界工厂吗？

海外媒体称中国式的发展为奇迹，然而中国式奇迹也带来了中国式的麻烦。事实上，中国在金融危机下的麻烦，并不都是由金融危机直接引起的，却深受金融危机的影响。

2009年一季度以后，中国的中小企业订单普遍不足。根据厦门的调研情况，厦门2009年初约有三成以上中小企业受金融危机影响较大，而且大多是出口加工制造业，主要原因是出口订单大幅减少，外部市场急剧萎缩，2009年前4个月出口交货值同比下降了23%。

中国的中小企业外部依存度较高，产品主要出口到欧美等地区。从2008年初到危机爆发以来，国际市场需求明显下降，造成了企业订单大幅减少。2009年下半年，随着世界经济下滑逐渐触底，企业订单开始逐渐回升，但订单回升影响的企业主要是一些大型重点企业或者是一些特殊行业的企业。多数中小企业，尤其是小型的、出口导向型和劳动密集型企业的订单仍然不足。整体而言，与危机前相比，外向型企业的出口和订单下降幅度在20%—50%之间。

中国的制造业表现出以下特征：技术含量很低，工人却很多；生产的品种很少，从事生产的企业却很多；用于国内消费的很少，用于出口的却很多。这就是企业在金融危机中所遇到的麻烦之一——由于产能过剩而造成的买方市场与恶性竞争。下面就以推销产品的电子商务来分析广大外向型生产企业所面临的处境。

这些年来我与一些电子商务网站有过很深的接触，知道国内某些电子商务网站一直视自己为中小企业发展的助推器。伴随着电子商务的迅速发展，某些电子商务网站的会员也在成几何倍数增长，中小企业对这种电子商务平台表现出极大的热情。一般来说，中小企业生产的产品门槛都比较低，科技含量不高。这些中小企业曾经有自己的产业链和销售网络，享受着相对较高的利润。然而有一天他们发现通过电子商务平台,可以面向全球市场,不仅可以赚人民币,还可以赚美元,利润一定相当可观。

事实真的是这样吗?情况并非那么乐观。就拿目前大多数电子商务的做法举例,他们按照地区、行业、产品、价格把所有的中小生产商逐一罗列出来,任君挑选,以方便国外的采购商选择。这样做的后果是什么呢?恐怕很多企业及政府部门没有真正地思考过。由于信息毫无遮掩地向全世界公开,一个国外的采购商坐在电脑前,可以同时联系几十个制造商,同时询价、比价。对他们来说,并不是货比三家,而是货比几十家。我国的中小企业就这样赤裸裸地展示在采购商面前,被迫接受刻薄的价格。对于中国那些劳动密集型的中小制造商而言,既无设计,更谈不上创意,唯一的优势就是价格。而这些企业的外贸销售人员也只会在价格上做文章。如今的电子商务网站让价格如此透明,足以让中小企业自乱阵脚,首先"窝里斗",让老外误以为再低的价格中国人都可以接受。中小企业用每年不菲的会员费,买了一个不断在网络上向国外采购商跳集体脱衣舞的机会,这是一件多么可悲的事情。有位江浙老板说了一句玩笑话:我不上电子商务死路一条,上了电子商务死得更快!

没有电子商务,中国就不是世界工厂了吗?我认为:现有中国电子商务的模式是国外采购商的利器,大量的中国供应商们只能被"点秋香"。

当金融危机到来时,帮助国外采购商盘剥过本国中小企业、自诩为中小企业助推器的电子商务网站,都纷纷宣布"过冬"。助推器已经准备熄火,中小企业将何去何从?或者换一种说法,中国的中小企业真需要这样不负责任的电子商务平台吗?

也许这一切并不全是某些电子商务网站的错。中国中小企业的发展模式决定了中国一定会出现一个这样的平台。可以说,这是中国中小企业的"原罪"。当初选择了劳动密集型的发展模式,就注定这些企业只能在国内热衷于赚取几美分一件的微薄利润。

正因为我们还停留在一窝蜂似的密集劳动与低附加值劳动这个初级阶段,才有了让外国采购商肆意挑选我们产品的选择权,电子商务网站才会应运而生。电子商务网站只不过是一种工具,它的出现并没有善或恶的含义,只代表在某个特定经济环境中,有使用这种工具的需要。

作为一名在国外闯荡了20多年的商业人士,我想说,电子商务本不应该是

这个样子的。它应该是一个合作与共赢的平台,而不仅仅是同行残杀、至死方休的斗兽场。这一切,其实并不取决于你怎样认识电子商务平台,而是你怎样选择自己的发展模式。

想想看,这是否是我们自己造成的麻烦,中国式的麻烦?

中国式的危机

中国式麻烦的另一个例子是宁波的文具行业。

宁波是文具之都,产品90%对外出口,现有2000多家文具企业,规模以上的有200家,产量大并且主要以劳动密集型企业为主。其中做得好的企业有广博、得力、倍发等公司。

2008年末受金融危机影响,过去靠低价取胜的外向型文具企业处境艰难,关、停、并、转的比例高达20%以上,行业综合开工率从60%降至40%以下。其中制笔行业的综合开工率为60%,关、停、并、转企业占总数的20.5%,2008年上半年销售同比下降20.8%,出口同比下降11.8%,从业人员数量同比下降33.3%。

截至2009年3月,各国汇率的波动,如巴西货币贬值40%以上、南非货币贬值30%、欧美货币贬值20%、澳洲货币贬值40%,致使文具出口成本上升了20%—40%。

可以说,经过多年的发展,宁波已经逐步成为全球最大的文具出口地,国外文具采购商将宁波作为采购的首选地。即使这样,宁波的文具行业依然在金融危机到来后遭受重创。宁波文具之所以被重创,这与它的庞大规模、内部无序化生产竞争有着直接关系。在过去全球经济一片繁荣的所谓"黄金时代",我们的文具制造业先用千千万万工人的血汗制造出文具,一波又一波地与同行进行价格战。等到大家筋疲力尽,采购商轻轻松松地用低价订单拿走了产品。而在如今全球经济一片动荡的情况下,一味依赖出口的宁波文具企业只有一批又一批地死掉。

这种结局的发生,归根到底还是源自广大中小企业的生存状态。同时,国家经济结构、体制也起到了间接的推动作用。此外,这些中小企业习惯于追求蝇头小利,南方的老板常说"能赚点钱就卖",在如今的大环境下恐怕就行不通了。有

一天,或许这种赚小钱的机会也会被剥夺了。

我们是否可以参考日本生产型企业出口的做法?他们的出口受到行业协会统一协调与管理。在中国能看到的日本汽车品牌,都不是由生产商直接操作出口的。行业协会的这种做法保障了生产型企业利润的最大化,也避免了同业间的恶性竞争。

谁为我们埋单

2009 年,中国社会科学院课题组曾经历时半年,在江浙、福建省的几个城市以及珠三角地区进行了调研,然后发表了一篇名为《金融危机下沿海地区中小企业调查》的报告。在报告中,他们为中国沿海的中小企业在金融危机中所遭遇的麻烦总结了 8 个原因:

1. 融资难;

2. 市场急剧萎缩,国外订单大幅度减少;

3. 汇率和原材料价格剧烈波动,导致进出口贸易环境持续恶化;

4. 工业产销利均明显下滑;

5. 企业生产成本提高;

6. 企业的税费负担加重;

7. 部分企业要求提高出口退税率;

8. 企业销售不畅,货款回收延缓,加上信贷紧缩,贸易活动得不到银行的信贷支持和担保,正常的贸易风险大大提高。

我并不想否定这些原因或者说是困难,可我要说,这些所谓的原因可以归结为两点:首先是制造业环境恶劣,其次是制造业产能过剩。那么这两点的本质又是什么呢?我认为,归根到底,是思想意识上的问题。

我非常赞同德国管理学大师彼得·德鲁克的观点:"现在商业竞争已不再是产品的竞争,而是商业模式的竞争。"而一个先进商业模式的产生及成功,需要有创新的意识作为基础。可以这样讲,我国目前大量的中小企业,仅停留在产品恶性竞争的层面,还没有对真正的商业模式产生思考。

美国著名作家托马斯·弗里德曼所著的《世界是平的》一书畅销全球,他在书中描述了现在的世界是一个平的世界,信息是开放的,知识是可以分享的,资本是可以流动的。在这个全球化的时代,印度的班加罗尔可以是波士顿的郊区。

然而，在这个看似平面的世界里，还是层次分明的，在这个平面上却竖立着一座座高塔。高塔上的人俯视平面上的人，平面上的人们在貌似平等的协作中工作，为高塔上的人增砖添瓦。于是高塔越来越高，平面上的人也越来越渺小。在这样一个所谓平的世界里，印度的班加罗尔也只能是波士顿的"城乡接合部"，而成不了"波士顿"！

说了这么多，回到那个疑问：谁该为我们埋单？是雷曼兄弟？是美国华尔街？是美联储？还是《金融危机下沿海地区中小企业调查》中所列举的8条？我想恐怕谁也无法给出明确的答案。也许我们换一个角度来思考——最终埋单的还是我们自己。

其实这一切，在2006年就已经注定了。我们禁锢了自己的意识，醉心于所谓的"世界工厂"，却没意识到，世界经济在变，而我们传统意识下的商业模式却没有根本的改变，我们还在追求"大工厂、大设备、大产出"。在经济层面，我们逐渐融入了世界，我们的产品充斥在世界的各个角落。可在思想意识和商业模式层面，我们还没有与世界同步。我们只有承认了这一点，正视了这一点，改变了这一点，才有希望走出危机，成为世界股东，而不只是世界工厂。否则，可能挺过了这次危机后的5年、10年、20年，我们还将重蹈覆辙，再次受到新危机的冲击。

经济周期与软着陆

记得刚到美国时,我为住处空空荡荡、没有家具电器而发愁。有一天,我在散步途中发现一个美国人的家门口整齐地摆放着半新的家具和电器。我硬着头皮上前敲门,开门的是位先生,他得知我想要门口的东西,不但没收钱,还对我感谢了又感谢。他越是客气,我越是觉得不好意思,心中暗自揣测,莫非美国也有活雷锋不成?等我将那位先生门口的木床、床垫、电视、冰箱一股脑地装上车后,那位先生随和地对我说:"小伙子,我的房子就要卖掉了,这些东西留着也没有用处,你用得上就送给你吧。"我看着那刚刚油漆过的木栅栏,修剪得整整齐齐的草坪,还有刚刚做过防水处理的屋顶,不禁觉得好笑,心想这位先生没事瞎折腾什么,这么好的房子说卖掉就卖掉。

他们这并不是在瞎折腾,而是在规避风险。很多美国人知道,经济增长的高峰一定会伴随着低谷的到来而结束。在低谷中,还是少一些投资项目,准备过冬为好。面对经济危机,他们尽管也有些恐慌,总的来说是一种淡定和从容。也难怪,美国的经济就是这样,高速增长,然后危机,再增长,再危机。精明的美国人早就看透了其中的奥秘,于是他们在高峰期首先想到的就是低谷即将来临,而在低谷时却已经开始盘算在下一次增长来临之前做好投资准备了。这也是美国经济重新洗牌,财富重新分配的过程。

精明的美国人虽然在危机来临前卖掉了房产,却算不上是损失,因为在经济危机过后,一大批银行屋因为业主负债累累而闲置。握着现金渡过危机的美国人又开始以原价 1/4 甚至 1/5 的价格吃进银行屋,开始新一轮的投资与增值。

美国在第二次世界大战后的几次经济危机,往往都紧随着高速经济增长期。比如在 1987 年,美国经历了恐怖的"黑色星期一",许多中小企业倒闭,仅在几个小时之内,纽约股市上市公司的市值就损失了将近 1/4。美国投资者损失了 5200 亿美元的财富,不少人惶惶不可终日,觉得世界末日即将来临。当这个恐慌向全世界蔓延时,全球各主要股市都受重挫,东京股价下跌 15%,新加坡股市下跌了 20%。几分钟后香港恒生指数暴跌了 300 点,香港股市当年在暂停交易 4 天后,恢复交易当天还是暴跌了约 1120 点,跌至 2241 点,全球股市哀鸿遍野。

可过了两三年后,美国又迎来了 IT 革命,经济又一次强势增长,把几乎收购了大半个美国的日本远远甩在了身后。曾经不可一世的日本人,终于在美国人面前低下了头。刚刚还在经济危机中挣扎的美国居然又一次欣欣向荣起来。我因此体会到那位赠送家电的美国先生的真实想法。他送掉家具电器,卖掉房产,并不是胡折腾,而是为"过冬"做准备。美国经济自有自己恢复愈合的能力。如今的美国,依然没有走出次贷危机的阴影。但我们要关注美国又一波经济增长的开始,这不仅仅是美国的机会,在这个平的世界里,对中国出口型企业也可能是一次新的机会!

或许会有读者说,中国经济一直强势增长,这样持续稳定的增长,全世界独一无二,我们没有必要关注其他国家的问题,更没有必要考虑美国的发展。没错,在过去,中国一直保持着高速增长的经济奇迹,可是中国也无时无刻不在寻找"软着陆"的机会。目前中国国内的房价高涨,日常消费品价格居高不下,热钱风涌。事实上,中国的经济也需要寻求软着陆的机会。软着陆处理得好,会使经济平稳快速发展;处理得不好,则会使经济陷入更大的困难。纵观国内外的情况,我们的中小企业也可以寻找一些新的思路,在抓住国内好机会的同时,也关注一下美国经济发展的规律。在美国经济走低的时候,去抄底淘宝,"创投美利坚"值得我们花些心思。

第二章

少些误会　多些共赢

彼此都是"老外"

由于工作关系,我总是穿梭在美国与中国之间,很多人说我是个名副其实的"空中飞人"。我在美国和中国都有很多朋友,他们也经常向我问起美国或者中国的风土人情。令我感到惊奇和尴尬的是,中国人和美国人彼此并不了解。在这个信息开放、全球化日益加深的时代,中国人和美国人像两名地理不及格的学生,对彼此国家的认知甚少。我曾经做过一个小测试,让一位美国朋友列举一下他所知道的中国城市,结果很遗憾,他只说得出北京、上海、广州这三个城市,其他美国朋友成绩也好不到哪里去。当我提到被中国人视为人间天堂的杭州时,很多美国朋友都摇头,表示不知道。反过来,考验一下中国朋友,让他们列举一下所知道的美国城市,结果也不容乐观。很多中国朋友只能说出华盛顿、纽约、旧金山、洛杉矶这样的大城市,其他的也就不知道了,数目最多不超过8个。

作为当今世界上最有潜力和最有作为的两个大国的国民,竟然对彼此如此缺乏了解,不能不说是一种遗憾。更为遗憾的是,我总会在美国听到一些反华的言论,而在中国,也会听到一些反美之声。我认为,中国和美国,一向是密不可分的,彼此之间的联系比我们想象得还要紧密。这样两个伟大的国度之间有什么风吹草动将决定着这个世界的"福"与"祸",这两个国家的国民也应该通过增加了解以消除误解与敌意。

这是一个合作与分享的世界,尽管今天枪炮声仍在世界的一些角落响起,但沟通、交流、协商、互助已经成为世界的主流。我们身处这样一个时代、这样一个世界,理应彼此多用一点善意去打量双方,多用一点耐心去倾听对方。当大量的中国优秀人才到美国学习,中国的孔子学院在美国落地开花,这种相互间的交流与融通会逐步消除彼此间的无知。

自行车·微笑·米饭

中国在 20 世纪 80 年代之前,曾经有很长时间都处在封闭的状态,美国人对中国的了解并不多,为数不多的一些中国印象也因为意识形态的需要而被扭曲。在这样的大前提下,很多美国人都对中国有一定的偏见。这是在所难免的——就那么点被扭曲的信息,能产生什么好印象呢?不过尽管如此,美国人对中国人的印象并不是十分坏,而且美国人性格中那些宽容与善良也常常能够消除这种偏见。

20 世纪 80 年代,我到美国留学就曾经遭遇过这种尴尬的局面。记得我初到美国,生活费和学费全靠 600 美元的奖学金,日子过得并不宽裕。像我这样的穷学生要买一辆汽车,那绝对是痴人说梦。而美国却是个汽车的国度,没有车子寸步难行。我只好退而求其次,准备去买一辆自行车代步。或许是我幸运的缘故吧,就在我下定决心要买一辆自行车的时候,刚好遇到一位在校区里兜售自行车的黑人学生。

我上前用标准的书本英语跟这位黑人学生谈了起来,他要价 15 美元,并且坚持认为这是个合理的价格——在我看来也的确如此,那是一辆当时在中国国内十分稀罕的变速赛车,零部件都还很新。不过鉴于我当时的经济状况,我只肯出 8 美元,我还一再强调,自己是刚刚从中国来的学生,经济并不富裕。没想到那位黑人学生竟然答应了,并在临走时扔下这么一句让我哭笑不得的话:"好吧,中国人,我知道在你们的国家,马路上没有汽车,跑的都是这东西。我想这辆车你骑最合适,你比其他美国人更能珍惜它的。"

虽然这个黑人学生有点扯远了,但我还是很感谢他,尽管他对中国存有偏见,却很友善地把车子便宜卖给了我。从此以后,有很长一段时间,我都是骑着这辆车去上学,尽管路上都是小汽车,骑着自行车的我有些格格不入,但是仍有不少开着车的美国人友好地伸出手来和我打招呼。我深深地感到,这些"美帝"并非都是青面獠牙,他们也有善良可爱的一面,如果有一天他们真正了解了中国和中国人,是会和我们成为好朋友的。

可是那时候,普通的美国人又哪有机会去认识和了解中国人呢?那时候在美国的中国人少得可怜,而且这其中还有很大一部分是来自中国台湾和香港地区的同胞,来自大陆的中国人简直是凤毛麟角。

15

记得还是在留学时，一次我去学校附近的沃尔玛超市采购日用品。那是我第一次独自去美国的超市，心里难免有些惴惴不安。不过我觉得在美国这个号称"民族熔炉"的移民国家里，黄皮肤黑头发应该不会太引人注目。可没想到等我进了超市后，里面购物的美国人都开始对我指指点点和窃窃私语起来——那场景与 20 世纪 80 年代北京市民们在大街上遭遇美国人差不多。这让我好不尴尬。

在距离我不远处，有一位美国女子在购物，购物车旁站着她金发碧眼、和洋娃娃一样漂亮的女儿。那个小女孩有点害怕地指着我对她妈妈说："Mommy, there is a China man!"（妈妈，这有一个中国佬！）而她的妈妈这时非常认真地对她的女儿说："No! He is a Chinese!"（不，他是中国人！）小女孩听了妈妈的话，点了点头，微笑着对我说："Hi! Mr.Chinese!"（您好！中国先生！）

听了这番话，我大为感动。从"中国佬"到"中国人"，去掉了歧视，留下了平等。尽管这位母亲对中国和中国人不甚了解，可却教育自己的孩子对中国人要像对美国人一样，要一视同仁。那个小女孩的微笑，我至今仍然难以忘怀。而这个天使般的微笑也使我坚信，美国人民和中国人民一样善良，美国人与中国人可以成为好朋友。

关于美国人的友善，我在美国时已经深有体会，而关于美国人的人道主义情怀，我还是在回到国内后才体会到的。

记得有一位美国商人 R 先生，来中国谈一个商业项目。我作为中方顾问陪同他参观与谈判。刚到中国的时候，R 先生被中方人员用大鱼大肉连续"轰炸"了好几天。某一天晚上，他看到还是一样丰盛的饭菜源源不断地端上来，吃完之后还是一样剩下一半的饭菜，而且还是一样不像美国人那样拿狗食袋带回家。于是，憋了多日的他终于小心翼翼地开了口："有一件事可能有点冒犯，不过我还是忍不住想问。小时候我妈妈每次让我把盘子里的食物吃干净时总是说，人家中国人都吃不饱，你还挑三拣四！是这样的吗？"

话音未落，全桌的人哄堂大笑。R 先生很不好意思，以为自己做了什么傻事，赶紧补充说："我看你们每顿都点这么多菜，每顿都剩下这么多，不像吃不饱的样子，这才敢问的。"一位中方人员跟 R 先生说："我们笑是因为每次和你们美国人吃饭总被问到这个问题，你们美国妈妈就没有点新招？"言下之意，很多美国人在接受了中方的友好款待后，都不约而同地问了这个问题，而他们的妈妈当年都如出一辙地用同样的话教育他们。

事后关于美国妈妈的教育方式,我特意请教过 R 先生,这才了解到 20 世纪 50 年代至 70 年代时,如果美国孩子浪费食物,他们的父母经常说的一句话是:"Think about the hungry people in China."(想想在中国挨饿的那些人们)

可能这个故事有点好笑,但我却笑不出来。我没想到在这个世界上最富裕的国家,大多数的普通美国人都关注着吃不饱饭的中国人。在很多中国人眼中,美国人一向是骄傲自大、以自我为中心的。可真实的情况是,很多普通的美国母亲都在为吃不饱饭的中国人而不安,并且用这种不安来教育孩子要节俭。尽管今天大多数的中国人都不必为温饱而操心,"中国人吃不饱饭"如今看来也算得上是一种对中国的偏见了,但我不得不承认,美国人是善良的,这种对中国人貌似偏见的观点,何尝不是一种另类的友善呢?

自行车、微笑、米饭使得我认识到了美国人真诚、善良、友善的一面,也让我感觉到美国人对中国的误解与所谓的"偏见"多是因为对中国缺乏了解。

被世界关注的尴尬

美国作为冷战后硕果仅存的超级大国,经济、科技及军事一直在领跑世界。这样一个国家,绝对是世界各国关注的焦点。美国每天暴露在各种各样的关注中,稍微犯错,即被挑出来放大若干倍,成为各种"反美"言论的论据。更可怕的是,美国奉行新闻自由,美国国内的媒体揭起本国政府的丑来,更是不遗余力。毕竟吸引眼球是媒体的拿手好戏之一。如此这般,放在聚光灯下的美国,常常是面目全非的。我们通过媒体看到的美国,也成了一个枪战不止、犯罪横行、种族歧视严重的国家,事实真的是这样吗?

并非如此!我认为,美国的负面新闻多出自他们国内媒体迎合受众的需要。美国的媒体并不仅仅扮演"正义使者"的形象,有时候比一些无聊小报更像是"八卦天王",为了迎合受众,不惜扭曲真相、歪曲事实,在这方面,不仅仅是美国,中国一样是受害者。另外,中国在美国媒体面前频频中枪,或许与中国影响力日益增强有关。

记得有一次我带着一个国内的商务考察团去美国的一座城市考察。该市市长是我多年的铁哥们,他亲自去机场接机。在去往市中心的路上,考察团的一位孙先生偷偷问我:"这位市长怎么总是左顾右盼的,一副偷偷摸摸的样子,该不是骗子吧?"我听了这话不禁哈哈大笑,忙解释道:"他啊,那是防记者呢。"

的确,美国政府比较害怕媒体。原因之一,在美国,政府并不怎么受公众信任,他们的权力也受到制约。另外一个原因是,在美国媒体的力量真得很大,他们有新闻自由这个护身符。

在介绍美国的新闻自由之前,我先介绍一下美国的媒体。在美国,除了"美国之音"VOA(Voice of America),全部都是私营的商业机构。而且,VOA 只能对外而不能对境内广播。换言之,美国老百姓听不到甚至不知道"美国之音"为何物。正如清华大学国际传播中心的教授李希光说的,在美国,媒体是私人公司,政府不办媒体,因此无法直接控制记者。官员们惹不起记者,只好站在记者面前受其监督。美国的官员在媒体面前甚至没有普通公民享受的部分权利——如隐私权,他们必须每月公示家庭财产。

据我所知,美国的新闻自由很有传统,而且不是停留在口头上,有不少坚实的例证作为支撑。最为人熟知的是《华盛顿邮报》两个小记者因"水门事件"把尼克松总统拉下马,此例树立了媒体监察政府、防止权力被滥用的典范。

早在 1789 年,美国国会就把"言论和出版自由"作为公民的一项基本权利写进《宪法第一修正案》,使新闻自由从一种新闻理念变成制度化的保障。美国开国元勋之一的杰弗逊(第一任国务卿、第三任总统)对追求新闻自由的执著,从他的传世名言中可以读出:如果让我决定是要一个没有报纸的政府,还是没有政府的报纸,我会毫不迟疑地回答,我宁愿选择后者。

以上所说,是媒体中从业者的传统,而真正控制媒体的老板们又是什么心态呢?我总结为:"凡是受众喜爱的,就是他们乐于奉送的。"迎合受众,才能扩大发行量,才会有利润,而作为受众的老百姓对官员丑闻尤为关注。如此这般,从业者、老板和受众三股势力合流,媒体就没有理由不和官员对着干了。

于是,美国政府面对的不光有老百姓和各种各样的监督委员会,还有夜以继日鸡蛋里挑骨头的媒体。在媒体面前,官员没脾气,谁让人家是正义使者呢?这不,我前两天在《洛杉矶时报》上读到一则消息:在洛杉矶附近的贫困小城贝尔市,一名拾荒女爱丽丝在清理一堆从市政厅拾来的废纸时,发现了该市市长、警察局长及一些议员的工资单,其中市长奥斯卡·赫尔南德斯的年薪为 79 万美元,约为奥巴马总统年薪的两倍。这名拾荒女随即走上街头,向市民揭露官员们的"贪污行为",并将这件事告诉了《洛杉矶时报》的记者。最终在《洛杉矶时报》

的舆论压力下，这些官员承诺减薪 90%。

这件事甚至惊动了白宫。白宫发言人托尼·斯诺代表奥巴马政府给爱丽丝打电话，对政府的管理不力表示歉意，并对爱丽丝的热心监督表示感谢。白宫给了爱丽丝 200 美元作为补偿，因为这些天来她因为揭露当地官员不法行为的演讲耽误了拾荒工作，给她造成了不小的经济损失。随后这位名叫爱丽丝的拾荒女成为红及全美的名人，在那段时间，我经常可以在电视上看到关于她的消息。哥伦比亚电视台还称她为"最具政治影响力的拾荒女"。

这样主动揭丑在美国太司空见惯了，每年都有无数这样的负面新闻出现，这些新闻如果汇总一下集中播报，那么任谁对美国的印象都不会太好。

说实话，我也很钦佩美国的媒体，正是有他们的存在，官员们才不敢太嚣张，一个个夹着尾巴做人。但是，媒体并不是圣人，他们也有自己的缺点，有时也是不顾事实、专门拼凑假新闻、散布小道消息的"八卦天王"。

我说过，媒体总是迎合受众的。而受众的猎奇心态，也要求媒体要不断地提供各式各样的离奇故事来刺激他们的感官。冷战时期，各种关于苏联的荒唐事经常出现在美国的报纸和广播中。而在今天，经济飞速发展、国力不断增强的中国又成了他们提供给受众茶余饭后消遣的新卖点。

对中国抱有偏见，原因有很多，在中世纪遭受过匈奴人、蒙古人蹂躏的西方，黄祸论是有市场的，这也是他们不太好的文化传统之一。另外，随着一部分中国人先富了起来，某些中国富人在美国的张狂表现，的确让美国人觉得反感。因为经历了日资大肆收购美国资产的美国人，常常在那些不检点的中国人身上，看到当年那些日本暴发户的影子。直到现在，还有不少美国老百姓甚至美国众议员，都对中国抱有偏见。偏见源于缺乏了解。在这件事上，媒体本来应该起到沟通世界、消除偏见的作用，可他们却比较无赖，偏偏喜欢添油加醋。

我有时候看着这些荒诞不经的报道，常常哭笑不得，真想不到在科学昌明的 21 世纪，还有人相信这些类似于《一千零一夜》的故事，而讲述这些故事的，又恰恰是以严肃正统自居的美国媒体。

所以，我想说，媒体会揭露真相，也会误导事实。在与美国人的接触中，实难发现美国人有多坏。而和我成为朋友的很多美国人也慨叹，中国人并非像美国媒体说的那样。如果两国的国民能够加深交往，我相信，总有那么一天，中国人会在美国人眼中可爱起来，美国人在中国人眼中也不再是骄傲自大的"美帝"！

从 G8 到 G2　中美合作势在必行

G8，美国主导的富国俱乐部

所谓八国集团（G8, Group 8, Group of Eight），指的是八大工业国美国、英国、法国、德国、意大利、加拿大、日本及俄罗斯。严格地讲，它并非一个严密的国际组织，以往被称为"富国俱乐部"。

在八个国家里，除俄罗斯之外的七个国家是核心成员国，也就是以前的七国集团（G7）。20 世纪 70 年代，世界主要资本主义国家的经济形势一度恶化，接连发生的"美元危机"、"石油危机"、"布雷顿森林体系"瓦解和 1973—1975 年的严重经济危机把西方国家弄得焦头烂额。为共同解决世界经济和货币危机，协调经济政策，重振西方经济，1975 年 7 月初，法国首先倡议召开由法国、美国、日本、英国、联邦德国（西德）和意大利六国参加的最高级首脑会议，后来，加拿大（1976 年）、俄罗斯（1998 年）分别加入。八国集团成员国的国家元首每年召开一次会议，即八国集团首脑会议（简称"八国峰会"）。

1975 年，当时的法国总统德斯坦邀请德国、美国、日本、英国和意大利领导人到巴黎郊区的朗布依埃城堡开会。按照法国总统的设想，这是一次小型委员会的非正式会晤，目的是讨论当时正受石油危机影响的世界经济。参加会议的领导人一致决定这一会议将每年举行，并邀请加拿大与会。这样 1976 年便形成了七国集团。1998 年的伯明翰峰会上俄罗斯正式加入，从而形成了如今的八国集团（以下简称 G8）。

从 G8 的起源可以看出，G8 虽然是法国倡议建立的，其中的成员还包括俄罗斯，但这是一个以美国为首的富国俱乐部。20 世纪 70 年代后期的发达资本主义国家均参与其中。可以说，G8 代表着当时世界的经济主流，这八个国家主导着整个世界经济的走向。也正是如此，长期以来，G8 曾经引领着世界经济的潮流,因而被称作世界经济的"安理会"。不过随着 G8 各成员国经济发展的停滞不前,G8 越来越难以承担主导世界经济的大任。

自 1996 年起,G8 开始加强与其他国家、国家集团或机构,尤其是南方国家的对话。一些国家被邀请出席会议。2003 年以来,在历次首脑峰会中都会穿插举行八国集团与发展中国家领导人非正式对话会议。这说明由于经济一体化的发展,以美国为首的 G8,或者说美国,已经无法利用协调自身经济发展的方式来摆脱经济发展低迷的局面了, 他们更需要与世界上其他的新兴经济体合作,在这其中,中国是不可忽视的一支经济力量。胡锦涛主席更是自 2003 年 6 月以来,接连几次出席八国峰会框架下的对话会。可以说,没有中国出席的 G8,已经算不上是完整的 G8 了。

自从一场席卷全球的次贷危机后,G8 各成员国的经济深陷泥潭,自顾不暇,已经没有当初引领世界经济的兴致了。美国更是认为,作为欣欣向荣的发展中国家的代表,中国拥有庞大的外汇和消费市场,应该作为世界经济的"救星"和世界经济增长的主要动力,站出来承担更大的责任。在这种思潮下,G8 已经显得有些陈旧和过时了。在曾经辉煌的时代过去后, 由美国主导的 G8 和以 G8 为代表的国际经济框架,需要另一种经济力量的帮助,以建立新的国际经济秩序。

BRIC 金砖,中国领衔的新兴经济体

相对于 G8 而言,BRIC 则是新兴工业国家的合作组织,与其说 BRIC 是四个新兴工业国家的协调组织,不如说 BRIC 是世界上经济高速增长的其他发展中国家的一个象征和缩影。当 G8 不足以主导世界经济秩序、自身麻烦不断的时候,就需要另外一个组织来引领世界经济的发展。自从 20 世纪 90 年代末期开始,以中国为首的一批新兴工业国家进入了高速增长期,相对于经济低迷的 G8 各成员国,BRIC 各国一跃成为世界的经济引擎,领跑世界经济。当他们在世界经济中的地位愈加重要时,理应发出自己的声音,在这种大背景下,BRIC应运而生,横空出世。

2001 年,美国高盛公司首次提出"金砖四国"概念。

2009 年 6 月,四国领导人在俄罗斯举行首次会晤。

2010 年 4 月,第二次"金砖四国"峰会在巴西召开。会后四国领导人发表

《联合声明》，就世界经济形势等问题阐述了看法和立场，并商定推动"金砖四国"合作与协调的具体措施。至此，"金砖国家"合作机制初步形成。

2010年11月，二十国集团会议在韩国首尔举行，南非在此次会议上申请加入"金砖四国"。

2010年12月，中国作为"金砖国家"合作机制轮值主席国，与俄罗斯、印度、巴西一致商定，吸收南非作为正式成员加入"金砖国家"合作机制，"金砖四国"即将变成"金砖五国"，并更名为"金砖国家"（BRIC）。

吸收南非加入合作机制，也使"金砖四国"能够进一步加强同南部非洲各国的经贸关系。很多南非公司在南部非洲国家设有分公司，地缘接近，风俗相通，它们在这些相对不发达国家投资具有信息快捷、交易成本低的优势。如果四国投资和贸易能通过南非中转，回报率将显著提高。

除经济领域以外，南非加入"金砖国家"合作机制，将有利于五国在全球气候变化问题、联合国改革、减贫等重大全球性和地区性问题上协调立场，更好地建设一个公平、平衡的国际政治新秩序。

在BRIC中，甚至是全世界范围内，中国都堪称是最具发展活力的经济区域，引进外资额最高，成为全球最大企业集团的生产基地。拥有13亿居民的中国是世界上第一人口大国，充裕、廉价、可靠的劳动力驱动了中国经济繁荣，除了无与伦比的价格优势之外，就业人员的素质也在不断提升。这些都让中国成为BRIC中的领军国家。

以中国为主导的BRIC，不但立足于协调自身的经济发展，还积极与G8各成员国合作，力求共同发展，共渡难关，一起走出这场全球范围内的金融危机。另外，BRIC各成员国自身都存在着一定的发展瓶颈和经济问题，这也要求BRIC需要来自G8的帮助。从这一点上来讲，BRIC与G8的合作在所难免，也理所应当，这是一个双赢的举措。

G20，中美携手的G2

G8需要BRIC，BRIC也需要G8，当强强联手后，G20就出现了。应该说，G20是早于BRIC出现的，但是G20中发达国家与新兴工业国家的对话机制，基本可以认为是G8＋BRIC的对话机制。G20是G8与BRIC共同主导世界经济秩序的必然结果。

二十国集团(简称 G20)最初由美国等七个工业化国家的财政部长于 1999 年 6 月在德国科隆提出的,目的是防止类似亚洲金融风暴的重演,让有关国家就国际经济、货币政策举行非正式对话,以利于国际金融和货币体系的稳定。二十国集团会议当时只是由各国财长或各国中央银行行长参加,2008 年由美国引发的全球金融危机使得金融体系成为全球的焦点,开始举行二十国集团首脑会议,扩大各个国家的发言权,这取代了之前的八国首脑会议或二十国集团财长会议。

二十国集团的成员包括:八国集团成员国美国、日本、德国、法国、英国、意大利、加拿大、俄罗斯,作为一个实体的欧盟和澳大利亚、中国以及具有广泛代表性的发展中国家南非、阿根廷、巴西、印度、印度尼西亚、墨西哥、沙特阿拉伯及发达国家韩国和土耳其。这些国家的国民生产总值约占全世界的 85%,人口则将近世界总人口的 2/3。

二十国集团自成立至今,其主要活动为"财政部长及中央银行行长会议",每年举行一次。二十国集团没有常设的秘书处和工作人员。因此,由当年主席国设立临时秘书处来协调集团工作和组织会议。会议主要讨论正式建立二十国集团会议机制,以及如何避免经济危机的爆发等问题。与会代表不仅将就各国如何制止经济危机进行讨论,还将就国际社会如何在防止经济危机方面发挥作用等问题交换意见。

G8 不能没有美国,BRIC 不能没有中国。这两个组织携手缔造的 G20,不正是中美合作的结果吗? 中国和美国这两个伟大的国家过去因为误解而彼此疏远,如今无论是主动还是被动,无论是向往还是抗拒,世界经济发展的潮流都将他们又重新推到了一起。这说明什么呢?中国和美国,注定要走到一起,合作才能带来发展的世界潮流是这两个国家都无法抗拒的。

中美两个大陆国家,在很多方面都比较相象,相对于充满了岛民狭隘思想的日本,美国无论从文化还是价值观,都与中国更接近一点。经历了这么多年的对外商务活动,原本不相信岛国文化与大陆文化差异的我,终于认识到,这种文化差异真的存在,而且在大陆文化的美国与岛国心态的日本之间,还是前者更合中国人的胃口。

最近美国某州州长作出这样的评论,他认为,未来世界的问题,归根结底来说,既不是美元的问题,也不是人民币的问题,而是世界货币的问题。言下之意,

美国与中国都不可能一家独大,未来必定是 G2 携手、共同建立秩序的局面。

州长还提到,美国现行的国际政策是有问题的,他如果就任美国总统,将裁撤所有美国的海外军事基地,召回所有的海外驻军,退回到从前的孤立政策中。美国不应该充当世界警察的角色,但这个世界又不能没有警察。我对这种观点的理解是,美国的国力已经不足以支撑它的扩张政策了,它的收缩造成了权力真空,这正为 G2 的产生创造了条件。

我觉得,从 G8 到 BRIC,再到 G20,正是由中美两国主导世界的 G2 的发展史,世界从分裂走向一体化,从对抗走向合作,其中中美两国的态度至关重要。G2 中两个大国的携手合作将为如今阴云密布的世界经济带来复兴的曙光。

第三章

软件工程师和尿不湿

我曾经在印度参加过一次商务会议,印度人的时间观念给我留下了深刻的印象。本来约定的时间是上午8点,可等我8点整到了会议现场给印度代表打电话时,那边却说再有十多分钟就好。结果我足足等了两个小时,打电话,那边仍说是再有十多分钟就好。最后印度代表在邻近中午时才来到会场,见到我后,不住地道歉说,很不好意思,让我等了一小会儿,弄得我哭笑不得——这是一小会儿吗?

或许是信奉印度教的缘故,印度人大多是这样漫不经心的,或许在坚信轮回的他们看来,这人世间的几个小时不过是短短一瞬。或者他们坚信任何事情都是上天安排好的,他们只要顺其自然就好了。

印度人的听天由命有时候到了无可救药的地步。这在中国人看来有些不可思议。或许正是这样的文化差距,才造就了印美关系与中美关系的大不同。尽管印度人有天然的英语语言优势,但在我所接触的美国人当中,大多数美国人对中国文化的接触程度要远远超过印度文化。

印度软件工程师——美国的选答题

繁荣:曾经那么接近班加罗尔

次贷危机发生前,班加罗尔是IT化的科技城市,也是IT从业者的天堂。在班加罗尔,酒店无论新建了多少,总是不够用,因为来这里的游客和参加各种研讨会议的人实在太多太多。班加罗尔的白天是喧闹的,夜晚也并不宁静,这里是酒吧之城。在班加罗尔大大小小的酒吧中,品尝清醇而又廉价的印度干啤的,并不只有工资丰厚、待遇上佳的IT工程师,也有不少"人才猎头"穿梭其间。他们为全球知名的IT公司招募人才,他们熟识在酒馆中畅饮的大多数人,他们会凑上去,喝一杯,递上一张名片,邀请某个工程师到他们的公司发展。

班加罗尔曾经是这样一个富有活力、充满机会的城市。在班加罗尔这个印度的"硅谷"创立的高科技企业达到 4500 家,其中 1000 多家有外资参与。班加罗尔已成为全球第五大信息科技中心,被 IT 业内人士认为已经具备了向美国硅谷挑战的实力。

班加罗尔的高科技园区中群星闪耀:英特尔、通用、微软、IBM、SAP、甲骨文、德州仪器等 131 家国际知名品牌公司均坐落于此。现在,班加罗尔拥有近 11 万名 IT 外包员工,居印度各城市之冠。此外,这里还有约 11 万人在为美国、欧洲各国、日本以及中国的企业编写程序、设计芯片、进行计算机维护、金融服务以及其他重要的地区或国际性工作。印度 IT 业创造的产值中,有 1/3 是班加罗尔贡献的。

全球有 5000 家软件开发公司,对其评级的 CMM(Capability Maturity Model)将其分为 1—5 等,5 等为最高。目前全世界大约有 75 家资质为 5 等的软件研发企业,其中有 45 家在印度,而这其中又有将近 30 家在班加罗尔。目前在卡邦有 1500 家软件研发公司,其中外国公司超过 150 家,绝大部分在班加罗尔安家落户。

这一切似乎都在证明,印度已经具备了成为经济大国的潜力。印度的外包服务业为印度带来了繁荣,成为"印度模式"的动力机。甚至一些中国城市也在叫嚷着,要成为中国的班加罗尔。可谁又能想到,班加罗尔这个曾经的堡垒、现在的科技城,仅仅在一场从大西洋彼岸的美国开始的次贷危机中,就轰然倒下,如此的不堪一击。

或许班加罗尔的遭遇,能够给还在醉心于出口加工业的人们一个教训——繁荣不一定都是真实的,幸福不一定都是永远存在的。托马斯·弗里德曼在《世界是平的》一书中,称班加罗尔是波士顿的郊区,盛赞印度在全球一体化中的崛起,可是他是否注意到或者说是否在刻意回避这样一个事实:印度的发展,严重依赖外包服务,这就决定了它只能成为波士顿的郊区,而班加罗尔必定只能随着波士顿的繁华而繁华、随着波士顿的衰落而衰落。

繁荣:美国进步的副产品

20 世纪 90 年代,冷战刚刚结束,两极中的一极轰然倒塌,只留下大西洋彼岸的阿美利加。这十年,是美国经济的黄金十年。20 世纪七八十年代,美国经济的平均增长率分别为 3.1% 和 3.2%,20 世纪 90 年代美国 GDP 的平均增长率则达到 4.3%, 一度还达到 5.8%, 失业率降到 4.8%, 为 1973 年以来最低水平。通货膨胀率下降到 2.1 %, 为 30 年来最低水平。美国经济既无生产停滞, 也无严重的通货膨胀, 保持长时间的持续增长, 经济情况大大优于其他主要发达国家。

克林顿政府不但收拾了老布什政府的烂摊子——1990—1999 年的衰退以及持续两年的高失业率, 还让美国取得了过去 30 年以来最好的经济成绩。在 2000 年, 美国经济增长时限超过了 20 世纪 60 年代, 创造了增长时间最长的纪录。美国这个硕大的兵营和兵工厂开始转型为全世界的高科技与网络经济引擎, 都是在 20 世纪 90 年代取得的非凡成就。而在这个时期, 印度的经济也开始了起飞与高速发展。这并不是孤立的事件, 尽管这两个国度中间阻隔着印度洋与太平洋, 但就在这个历史时期, 他们实现了历史上从未有过的紧密合作。不过在这场经济与技术横跨两大洋的合作中, 真正的主角是美国, 印度只是个甘于寂寞、乐在其中的小龙套而已。

20 世纪 90 年代, 美国是繁荣的。这 10 年是美国获得新的经济增长点的 10 年;是美国利用华盛顿共识推动经济一体化的 10 年;是美国输出资本, 转移制造业的 10 年;是美国利用新的经济发展模式制造经济附庸、扼杀新兴国家的 10 年;是美国政府与美国垄断资本合谋阻击新兴国家, 从中获利并谋求霸权的 10 年。

在这 10 年中, 美国建立起冷战后的绝对霸权。美国的经济引擎再一次高速运转, 在为美国人创造财富的同时, 也衍生出了一些副产品, 其中之一就是印度这样的新兴国家经济的虚假繁荣以及畸形发展。这些国家中有中国, 有越南, 有墨西哥, 有菲律宾、马来西亚, 也有印度。在印度的遭遇中, 我们可以看到所谓的繁荣背后的真相到底是什么。这对中国制造业中依然坚守着的人来说, 是弥足珍贵的经验。世界是平的, 在这个平坦的世界上, 有一座高塔, 那就是美国。

美国的繁荣与印度的沉沦, 都得从发轫于 20 世纪 90 年代的 IT 革命开始。IT 革命对美国和全球的影响都是深远的。从 IT 产业的发展开始, 美国从制造大国升级为服务大国, 在美国的产业结构中, 金融、航运、保险、商业服务这样的服务业成为新的经济增长点和支柱性产业。有 3/4 的美国人将在这场 IT 革命后成为服务业的从业者。这意味着什么呢?既然靠服务业创造财富, 那么处于产业链低端的制造业就没有在国内存在的价值了。将制造业输出, 降低了用工成本, 释放出更多的本国劳动力从事服务业, 缓解了原来工业化造成的环境污染和资源紧缺, 何乐而不为呢?

IT革命的出现,促使信息设备制造业、信息服务业、信息生产业和信息传输业这类新兴行业的出现,并最终汇合为信息产业。信息产业这个新产业从一开始就是靠人才积累发展的产业。这个产业的出现,加快了劳动力与科技人才在不同产业和职业间的流动,也让科技人才越来越显得珍贵,人才在信息产业中,就是蒸汽时代的蒸汽机、电气时代的发电机,是一种宝贵的资源。由于IT革命的迅速进展,走在IT革命前列的美国仅靠国内科技人员已无法满足对IT等高科技人才急剧扩大的需要,美国需要掠夺人才资源,这时,印度出现了。

印度有大批人员能够较熟练地掌握英语,其数量远远超过其他发展中国家。印度长期沦为英国殖民地,同盎格鲁－撒克逊文化有着密切的联系,这有利于软件业务上同美、英的合作。在与美国人的沟通上,印度人有着其他发展中国家无法比拟的优势。印度每年可培养250万名大学毕业生,其中有1/4到1/2可以应付英语国家的外包业务。高水平的IT工程师有3万—4万名,其技术水平和美国国内科技公司的白领相差无几,工资水平却远远低于美国国内。美国人惊喜地发现,在遥远的南亚次大陆,居然还有这样的人力资源富矿!

IT革命不光需要人才,也将传统的大批量生产线分解开来,组成"生产模块"或"生产单元"。这种生产"模块"或"单元"不但意味着生产现场的"分散化"、"个人化",也使离岸服务外包成为可能。

低廉的科技人力资本,服务外包的可行性,环境污染和能源短缺的压力,这一切的一切,都使信息产业高速发展的美国不得不寻找一个在产业链低端工作的发展中新兴国家。无疑,刚刚从苏联计划经济模式阴影中走出来、急于发展经济的印度,是最好的选择。请注意,印度是最好的选择,但绝非唯一的选择。如果没有印度,美国会退而求其次,选择中国或者中国台湾,事实上,在若干年后,印度的人力资源成本不断飞涨后,越来越多的生产线与外包服务,都转移到了中国大陆。

世界上需要美国合同的国家和地区还有很多,全球服务外包市场依然火暴。目前,印度、中国、爱尔兰、菲律宾和俄罗斯等20多个国家是全球外包市场的主要承接国。其中,印度拥有全球离岸外包业务34%以上的份额,占据大半美国市场。其业务包括呼叫中心、网络管理、业务流程管理以及软件程序设计等;欧洲市场则以爱尔兰、俄罗斯为主;日本的外包业务50%以上在中国进行,但中国服务外包全球份额不足4%,仅为印度的1/10。此外,越来越多的国家,包括发达国家如加拿大、澳大利亚,中东欧国家如波兰、捷克、匈牙利等,也正在加入到服务外包的产业链环节中。上述国家和地区由于先天具有语言相似性、地缘接近性、文化兼容性、企业规范性,以及公司治理结构和公司治理水平的相近性等多方面的优势,将共同角逐全球服务外包市场。

繁荣:美国的多选题　印度的单选题

美国是个怎样的国家?

美国是世界上硕果仅存的超级大国,地球上的第一大经济体。美国的国民因为生活在这样一个富裕的国度,所以拥有很高的生活水平,人均国民生产总值超过4万美元,居世界前列。美国的人均收入名列世界前茅,全国的家庭年收入平均水平是4.6万美元。尽管刚刚经历了次贷危机,但美国仍旧是全球最富裕、经济最发达和生活水平最高的国家之一。

美国经济中的各个部门发展完备,竞争力强。美国的金融业、航运业、保险业以及商业服务业占GDP最大比重,全国3/4的劳力从事服务业,而且处于世界领导地位。美国也有发达的旅游业,排名世界第三。

教育是美国最重要的经济产业之一,教育的发达,不但为美国培养了大量科技人才,也为美国带来了巨大的收入,这些收入来自于每年从世界各地慕名前来的留学生。美国拥有全世界数量最多的讲英语的科技人员,这些科技人员在科学和技术研究领域,以及技术产品创新方面均有出色表现,这使得美国在以上方面都成为最具影响力的国家之一。

美国出色的教育,丰富的科技人才储备,使这块国土上诞生了人类工业史上许多重要的发明,包括轧棉机、通用零件、生产线等都源自美国,其中工业的生产线尤其重要,它使得工业的大量生产从梦想变为现实。其他重要的发明还包括飞机、电灯泡、电话。美国还在20世纪策划了著名的曼哈顿原子弹计划、阿波罗登月计划和人类基因组计划。美国为计算机与互联网发展史上贡献至丰,包括第二次世界大战中发明的计算机、初期的军事化应用,到今日个人电脑发展与革新,美国国防部创办的ARPA网是网络技术的先驱。

在科学研究方面,美国学者赢得了大量的诺贝尔奖,特别是在生物和医学领域。国家健康研究中心是美国生物医学的聚焦点,并已完成人类基因组计划,使人类对肿瘤、阿兹海默病等疾病的治愈研究进入重要阶段。

美国是全球最大的农业出口国之一，美国的农业不但养活了3亿美国人，还大量地向世界出口，创造收入。美国的主要农产品包括玉米、小麦、糖和烟草。美国得天独厚的国土优势，使其在工业与农业发展中都显得游刃有余。美国中西部大平原地区的农业产量令全世界啧啧称奇，那里不但是美国粮仓，更是"世界粮仓"。美国农业的发达都得益于先进的科技水平和发达的工业体系。美国工业产品主要包括汽车、飞机和电子产品。美国也是飞机、钢铁、军火和电子器材的主要输出国。

那么印度是个怎样的国家呢？

印度经济以耕种、现代农业、手工业、现代工业以及其支撑产业为主。全国仍有1/4人口没有达到温饱。印度外汇存底充足，汇率稳定，未来官方也将全面解除外汇管制，由市场决定币值。印度制造业出口已经开始下滑，全国很多地区电力供应依然不足。印度有很多精通英语的人口，目前是21世纪全球最主要的资讯服务业生产国、电脑软件出口国以及众多软体工程师的祖国。

印度是世界上发展最快的国家之一，经济增长速度引人注目，20世纪90年代初期，印度开始实行经济体制改革后，其经济规模获得了较快速度的增长。若以同等购买力来衡量，印度2008年国内生产总值为3兆美元，在世界排行第4，仅次于美国、中国和日本。但是，若以美元汇率评估，印度的国内生产总值仅有11030亿美元，世界排行第12位，和人口只有2000万的澳大利亚相差无几。社会财富在印度这样一个发展中国家极度不平衡，全国10%的人口掌控全国33%的收入。由于印度人口众多，平均国民生产总值很低，2008年，印度平均国内生产总值为1000美元，列世界的第120位。

印度的人口估计有11.2亿，是世界上仅次于中国的第二人口大国，主要分布于恒河平原。2001年人口普查表明，72.22%的人生活在超过55万个村庄中，其余生活在2000多个城镇和城市中。印度由于贫富差距大，都市中有不少的贫民窟，传染病蔓延。印度有6亿多劳动人口，其中50%从事农业或农业相关行业，28%从事服务业及相关产业，从事工业的占18%。以占GDP比例来看，农业占GDP的19.9%，服务业和工业分别占60.7%和19.3%。主要农作物包括大米、大麦、油菜子、棉花、黄麻、茶叶、蔗糖和马铃薯。主要工业包括软件、汽车、水泥、化工、消费电子、食品加工、机械、采矿、石油、制药、钢铁、运输设备和纺织品。近年来，印度政府大力投资本国教育。大批能说英语的人才投入外包行业。印度已经成为软件业出口的霸主,金融、研究、技术服务等也即将成为全球重要出口国。印度最重要的贸易伙伴是美国、欧盟、日本、中国和阿拉伯联合酋长国。印度的经济部门中,唯一能够引以为傲的行业,只有服务业。

事实上,美国也确实可以做到抛弃印度。《商业周刊中文版》曾经刊载了一篇文章,内容如下:

印度外包公司在美国遭受冷遇

在 2010 年 8 月,美国国会通过法律把工作签证的费用由 2000 美元提高到大约 4300 美元。印度软件工业游说组织主席萨姆·米塔尔(Som Mittal)说,外国 IT 从业人员在美国工作的签证一项将导致印度公司每年提高花费至 2.5 亿美元。

同样在 8 月份,俄亥俄州禁止把政府的 IT 项目外包给像印度这样的离岸生产地。"这引起了一定程度的关注",位于孟买的 Hexaware Technologies 公司首席执行官尚德拉施加(P.R. Chandrasekar)说,"你不会希望其他的州也执行同样的政策"。

因为增长受阻于经济萧条,印度外包公司现正在为从经济复苏中获取收益做好准备。而且客户们开始再次投资于 IT 业务,据 Forrester Research 公司统计,美国公司和政府外包支出今年增加了 5.6%。印度最大的软件出口商、位于孟买的塔塔咨询公司(TCS)于 10 月 22 日宣布其第二季度在北美的销售额是 10 亿美元。"我们看到需求的状况在增长",塔塔公司亚太业务总裁维什·艾义尔(Vish Iyer)说,"他们需要像我们这样的人的帮助"。

令人担忧的是,美国的保护主义政策将导致占据着印度每年 500 亿美元 IT 出口业务市场 61%份额的前景迅速从繁荣走向衰败。去年 Hexaware 公司 2.15 亿美元销售收入中的 2/3 来自美国。更大的印度公司也依赖于美国市场。根据彭博社的统计,截至 2010 年 3 月,上一年度塔塔年收入的 57.5%来自于美国市场,而且北美市场也使其竞争对手、位于班加罗尔的 Infosys Teconoloiges 公司的收入增长了 66%。

印度的企业高管们知道必须开展多渠道经营,但是他们在除北美和西欧以外的市场上收效甚微。外包顾问公司 TPI 的亚太区主席阿诺·弗朗兹(Arno

Franz)称其在日本的表现平平。印度的外包业者对于中国抱有极大的期望,他们在那里雇佣工程师为多国项目和本地客户工作。"他们在中国投下了巨大的赌注",弗朗兹说,"但是取得回报需要花费多年的时间"。根据高盛公司的报告,印度主要的 IT 公司在中国仅仅雇佣了 5000 名员工,销售额也只有 2.57 亿美元。

这就意味着当印度的 IT 公司在其他地方付出努力、缓慢扎根的时候,它们必须继续保持发展在美国的业务。为了降低美国公众对离岸工作的反对,印度公司正在努力培养本地职员。

一家横跨 11 个国家(包括美国在内)、被称为近岸运作的位于海德拉巴的公司 Mahindra Satyam 在 10 月 13 日宣布与美国肯塔基州政府健康与家庭服务部门签订了设计一套文件管理系统的合同,这家公司希望能在美国和其他地方设立公司并雇佣当地员工。"近岸中心使得公司运作起来更便利",该公司的首席执行官古尔纳尼(CP Gurnani)说道,这样一来,"所需的美国签证数就减少了"。他说自 2006 年以来,在印度以外的员工人数从零增长到了大约占 20%。

被不确定因素决定的签证规则和美国州政府的外包政策也许会加速印度公司在美国收购的速度。根据彭博社的数据,过去的十多年里,印度外包业者已经在北美完成了相当于 19 亿美元的技术收购。

美国可以丢下印度自保,因为对于美国而言,缺少了印度外包业提供的服务,不过是"皮外伤",而印度却要千方百计靠雇佣美国雇主来维持自己的订单,这不正是美国与印度关系的真实写照吗?

33

中国制造的尿不湿——美国的必答题

没有中国行不行?

美国遇到金融危机的时候,可以"壮士断腕"牺牲掉在印度的外包服务业以自保,但却离不开中国制造。

在美国,上到政府,下至百姓,都绕不开"中国制造"。作为世界制造业大国,中国制造的产品遍布美国大大小小的超级市场,可以这样说,只要在美国的国土上生活,就必然会接触到"中国制造"。有一次,我从美国带来了大量象征美国文化的纪念品,如自由女神像、白头鹰、美国总统头像、白宫模型等等,当我兴致勃勃地送给国内朋友的时候, 却意外发现所有纪念品都是 Made in China。

萨拉·邦焦尔尼是一位经验丰富的记者, 过去十年效力于加州和路易斯安那州的日报及地区性商业出版物,主攻国际贸易及其对地方经济的影响。邦焦尔尼的报道曾在美国获得过全国和地区大奖,2002 年,她参与撰写了外来移民对路易斯安那经济影响的系列报道,获美国商业编辑和作者协会最佳商业报道奖。邦焦尔尼毕业于加利福尼亚大学, 后于印第安纳大学获新闻学硕士学位。2005 年夏,她辞去工作,成为一名自由撰稿人。2005 年 12 月, 她根据自己的亲身经历,在《基督科学箴言报》上发表文章《离开"中国制造"的一年》。文章引起了世界的巨大反响,从而促成了同名著作的诞生。

在这篇文章中,萨拉·邦焦尔尼列举了她抵制"中国制造"后的一系列遭遇,例如:为了给她丈夫的生日蛋糕买蜡烛,她开车去了 6 家杂货店都没有买到不是中国制造的蜡烛,最终不得不用在厨房里找到的一盒落满灰尘的蜡烛将就。她家的一个旧抽屉坏了,她丈夫在"家得宝"发现了修抽屉用的工具,但当他发现这个工具也贴着"中国制造"的标签后,就又把它放回了货架上。再比如:她儿子的网球鞋已经小得无法再穿了,而给儿子买一双非中国制造的新鞋搞得她疲惫不堪,经过两周的奔波之后,她终于受不了了,花 60 美元买了一双从意大利进口的运动鞋。

最后,萨拉·邦焦尔尼不得不得出这样一个结论:"经过一年没有中国制造的日子后,我可以告诉你:没有中国你也可以活下去,但是生活会越来越麻烦,而且代价会越来越大。以后 10 年我可能都没勇气再尝试了。"

其实目前中国制造在美国的地位,更加难以撼动。我的一位美国朋友在政府部门工作,他有一次对我抱怨道:"真是见鬼了,我们市政府现在悬挂的国旗居然是中国制造的!"我觉得他的抱怨正好说明了中国制造在美国的地位。一面 4 英尺×6 英尺大小的"中国制造"的美国国旗售价为 18.95 美元,而同样大小的"美国制造"的国旗售价则为 27.5 美元。总的来说,"中国制造"的美国国旗要比"美国制造"的国旗价格便宜 1/3。如此算来,为了节约预算,联邦政府一定会采购"中国制造"的。

事实上,在美国市场,中国商品种类繁多,服装、鞋袜、箱包、家具、床上用品、运动器材、电子产品甚至是尿不湿等,应有尽有。我曾经做过一个小小的调查,在美国俄亥俄州的托莱多市的一家超市里,大概有 60%—70%的商品是在中国生产的。床上用品、箱包和电子产品的比例还要更高些。而一些普通美国市民的日常用品大概有 95%产自中国。且不说中国制造的箱包服装,单单是中国制造的尿不湿,如果在美国断货一星期,其后果都是不敢想象的。

以上这些都说明,美国离不开中国。"中国制造"并不像印度外包业那样岌岌可危。就像印度离不开美国一样,美国也离不开中国。在这场席卷全球的次贷危机中,物美价廉的"中国制造"甚至比从前更受紧缩银根的美国人欢迎。

"中国制造"威胁了美国?

有很多美国人都持有这样的论调:廉价的中国制造挤垮了美国的制造业,抢走了美国工人的就业机会。可真相是这样吗?

尽管在 2007 年,中国向全球出口鞋类产品 80 亿双,地球村里平均每个人就要穿 1.6 双中国鞋。同样是这一年,中国出口额 12180 亿美元,增长 25.7%,实现贸易顺差 2622 亿美元,比上年增加 847 亿美元。

可这些利润是在什么条件下创造的呢？曾经撰写过多份有关苹果供应链研究报告的美国雪城大学（Syracuse University）教授詹森·德崔克（Jason Dedrick）指出，中国在这些产品中赚的钱很少。高端产品的多数价值都被两头的流程赚取了，包括品牌所有者、分销商和零售商。

根据美国市场研究公司 iSuppli 的最新报告，在一部 iPhone 4 手机的成本构成中，提供诸如处理器和闪存芯片等关键零部件的三星、东芝和博通等芯片供应商承担了苹果 iPhone 4 大部分的成本。报告称，十多个电子芯片占了手机 2/3 的成本。这些电子芯片是地地道道的苹果核。在每一部 iPhone 4 的生产中，苹果向三星支付 27 美元购买闪存，10.75 美元购买处理器，德国芯片厂商英飞凌也因为向苹果提供电话和数据传输芯片而获得 14.05 美元。其他电子元件的成本更低。iPhone 4 最新加入的三轴陀螺仪来自意法半导体，但成本仅为 2.60 美元。iSuppli 的报告显示，一部售价 600 美元的 iPhone 4 的总成本仅为 187.51 美元。

我们自豪地称自己是"世界工厂"，连苹果手机这样最新的电子产品，都是"中国制造"。实际上，在苹果手机生产过程中，"中国制造"的范围只涵盖了最不值钱的环节——也就是生产和组装，而这些通常在中国南部地区完成，在这里工人们负责焊接、组装和包装世界知名品牌的产品，但每小时的报酬却不到 1 美元。可以说，中国只制造了整个"苹果"中的苹果皮。

因为缺少自主创新和核心的研发技术，中国制造业一直处在产业链的末端，赚取微薄的加工制造费。数据最能说明问题，近 15 年来，外国企业和中国企业在我国申请发明专利的比例是 6.4∶1，而且在信息领域外国企业在我国申请专利占 90%。

而作为整个制造业引擎的装备制造业并不是中国的强项，严重依赖外国技术和进口装备。国内固定资产设备投资的 2/3，光纤制造设备和 60 万千瓦发电机的控制设备的几乎百分之百，集成电路芯片制造设备的 85%，石油化工设备的 80%，轿车制造装备、数控机床和其他数字化机械如纺织机械、多色胶印设备的 70% 以上，全都需要进口。相比较而言，在世界范围内，作为第一制造大国的中国，由于制造业的技术水平落后，其产品增加值率仅为 26.2%，与美国、日本和德国相比分别低 23、22 和 11.7 个百分点。

而反观美国，根据联合国数据，美国仍是世界上最大的制造业国家。2009

年,美国制造业产值比中国制造业产值高出 45%。美国依然保持在全球制造业中的份额,与 1980 年美国占全球制造业 22%的份额相比,2009 年为 20%。此外,美国制造业也变得越来越高效。2009 年,美国制造业生产率增长 7.7%,超过其他任何国家。

由于中国拥有众多低成本劳动力,高工资收入的美国无法与中国在需要大量工人生产的产品上竞争,如玩具、服装、家用电器等超市可见的产品等。在美国制造这些产品太过昂贵,但美国在科技和资金密集型产品上仍极具竞争力。美国可以利用相对于中国在专业技术和创新领域的优势,这就是美国向中国销售飞机而中国向美国销售牛仔裤的原因所在。

目前,中国正在吞食全球制造业这棵大树底端的果实。中国也希望生产汽车、飞机和轮船,但这并不容易。尽管一些中国公司在更为精密产业的竞争中取得成功(如华为),但总的来说,中国制造业仍在科技、质量控制、管理、专业技术以及其他高端制造的重要因素中落后。这就是你在美国的公路上看不到中国汽车的原因。

总而言之,中国是制造业大国,而美国却是制造业强国。在科技和产业链控制方面,中国还有很长的路要走,需要向美国学习。另外,中国的制造业大部分为出口型,与美国普通居民的生活息息相关。而美国要走出后金融危机时期的谷底,也需要中国这样的制造业大国助力。从这一点而言,中国制造不但没有威胁到美国,还对美国经济的复苏起着不可估量的作用。

美国人可以不要印度软件工程师,却不能舍弃中国制造的尿不湿。这是一个无法回避的事实。我认为,随着金融危机后世界经济的逐渐复苏,中美的贸易往来将会更加频繁,中美关系也将更近一步,毕竟如今这两个国家的经济联系越来越密切,已经有点"你中有我,我中有你"的味道了。

事实上,在中国人的身边,又何尝不充斥着美国的印迹呢?我们电脑、手机、电视中的关键芯片技术都来自美国,我们乘的飞机大多是波音公司制造,看看我们周边的美国品牌:宝洁、通用、GE、苹果、IBM、微软、摩托罗拉、朗讯、英特尔、美孚……再看看我们周边的美国快餐对中国传统饮食文化的挑战,据不完全统计,全国肯德基门店约有 2000 家,麦当劳则后来居上。这一切,再次告诉中国人,如果我们真的离开美国,那么生活和工作同样将受到很大影响。

第四章
热钱何处去

如今,资本大潮在中国大地上狂涌,这条咆哮的钱流将向何处去?水能载舟,亦能覆舟,资本可以成为创造财富的炼金术,也会成为摧垮经济的达摩克利斯之剑。热钱,已经成为人们热议的话题,如何让热钱去创造财富,而不是去毁灭财富?答案就在太平洋的彼岸——美国。

票房狂躁症
——中国电影票房 100 亿元后的思考

回首刚刚过去不久的 2010 年,我突然发现,从前吃完饭喜欢搓麻将、看电视、去洗浴中心、唱 KTV 的中国人,忽然爱上了电影院。从年初的《阿凡达》开始,一波又一波的人潮涌入电影院。其中有年轻的情侣,步入中年的夫妻,还有已是花甲之年的老人。在电影院中,大家都为银幕上那些悲喜剧所吸引,或者哭,或者笑,或者癫狂,或者咒骂。这是一个奇怪的文化现象,我没想到一向以勤俭节约为传统的中国人,居然舍得花几十元甚至 100 元去买一张电影票。中国人怎么了?

如今的中国,仿佛正在举办一个 365 天的庞大电影节。每天在电视里、广播里、报纸里、网络上,甚至是街边的广告牌上,铺天盖地都是热映电影的介绍、评论、宣传活动、首映式和大海报。几乎在一夜之间,中国成了一个电影消费大国。2010 年,全年上映的影片数量有近 300 部,几乎每个月都有 20 余部影片上映。仅 8 月份就有 27 部影片进入影院放映,有时甚至每周推出 6 部新片,这在银幕占有率是我国 6 倍的美国,也不是一个能轻易达到的数字。在这一年,中国的电影票房居然达到了 100 亿元之巨。当全球尚在次贷危机余波的震动中时,中国人却以独有的超大规模的热情关注着电影。中国已经成为继好莱坞和宝莱坞之外的第三大电影生产地。

中国的电影人从前为寻找投资发愁,如今开始高呼"不差钱",甚至已经开始雄心勃勃地规划着未来。中影集团老总韩三平曾作为制片人和出品人,制作了包括《赤壁》、《投名状》、《梅兰芳》、《建国大业》等一系列大片。他直言,中国电影市场正朝着最好的方向发展,2010年全年票房过100亿元,按照这个趋势,预计在7—10年的时间里,中国电影票房能达到350亿—400亿元。中国的电影人和观影人,仿佛都患上了票房狂躁症,看到票房飙升欢呼,看到电影繁荣欢呼,看到中国即将赶超宝莱坞甚至好莱坞欢呼。

在一片火暴中,我却不得不泼点冷水。这看似火暴的电影市场,之后隐藏的其实是中国的民间资本无处可去、流向不明的危机。中国的电影市场几乎病态的疯狂扩张,不过是在次贷危机击垮了中小企业后,热钱无处可去的无奈选择。尽管中国电影的投资空间还很大,可是民间资本如此庞大,一旦电影市场吃饱了,热钱将往何处去?这是关系国计民生的大问题,不得轻视。

现在的中国电影,就像是当年火暴的房地产市场,手中有钱不知如何投资的人们,都梦想能够一夜暴富,让资本呈几倍甚至十几倍地增长。中国电影,又成了另一个金矿,一个财富传奇。可是在中国的导演们看来,投资商是"急功近利,缺乏长远投资"的。"现在拍电影,就像炒地皮,没有长远的计划,投资人只顾眼前的利益。"吴宇森在接受国内某媒体采访时,曾经这样感慨道。而著名电影人何平则认为现在涌入电影界的投资人,不专业的太多,"他们拿出3000万元,想让你立刻拍部《阿凡达》给他,还得是3D的。"

我觉得,电影人为了自己的艺术追求,可以指责投资人短视。但是跳出电影的角度看问题,这些投资人又是不应该被指责的,为什么呢?在中国,投资实业必定血本无归,股票市场风险重重,房地产已经呈现泡沫趋势,国家对于民间资本的监管还很严格。资本往何处去?无处可去,只好投资电影产业。他们是短视的,他们是盲目的,他们是不专业的,可是这并不是他们的错,他们的错不在投资了电影,他们错在不知道资本还有更好的流向。

资本的特质是流动和增值。在中国的高墙内,它们可以流通并增值的地方真是少之又少。还有人在鼓吹,民间资本要流向收藏,要流向私立医疗和教育。这些鼓吹的效果无非与流向电影市场的效果相同,除了带来一片狂躁,创造一片泡沫外,真正能带来多少收益呢?紫禁城影业电影总监钱重远一针见血地指出:"在全部上映的电影当中,70%的影片都是亏本的,赚钱的只占20%。电影市场发展迅猛,还需要有更多的钱投进来。这个投资行业里鱼龙混杂,有的人第一

次投资就算收不回成本,下一次他还是会投,抱着赌博的心态,觉得随着电影市场的发展,总有一天会赚钱,但实际情况是,即使有大明星、大导演,也难以保证票房的稳定性。"电影市场看似金矿,其实金子并不是那么好淘的。

李嘉诚说过一句最直白的生意经:低进高出。在如今次贷危机影响下的美国等西方国家,很多资产价值都降到了相对低谷的水平。此时,我们应该扩展视野,看得更远,搜索一下"墙外"的机会。

滚滚钱潮何处去

脆弱的中国股市,能实现你的财富梦吗?

2010 年 11 月 12 日,上证综指下跌 163 点,跌幅达 5.16%;深圳成指下跌 958 点,跌幅达 7%。股市跌得如此惨,让很多想在国内投资的朋友禁不住问我原因何在。

中国国内 CPI 过高,意味着国内货币政策将全面收紧,特别是央行加息势在必行。这极大地影响了中国的股市。

道琼斯通讯社对 14 位经济学家开展的调查显示,中国央行 2011 年 4 月末之前可能会将基准利率上调 25 个基点,并且年底前可能还会采取类似举措;该行或继续收紧货币政策以抑制通货膨胀。另外,调查中 12 位经济学家就存款准备金率给出的预期中值显示,中国央行可能还会继续提高对银行的存款准备金要求以收紧信贷。经济学家预计,今年年底前存款准备金率可能会上调 150 个基点。上述调查显示,有 11 位经济学家预计到 3 月或 4 月份央行可能会加息 25 个基点。接受调查的 14 位经济学家均预期,上半年结束之前央行可能会采取这样的举措。

对更长时期内央行货币政策的看法,经济学家们意见有更多分歧,主要预期是央行可能在 2011 年年底前加息 50 个基点,而有 1 位经济学家预期央行可能加息多达 100 个基点。一些经济学家预计,中国央行将主要依靠存款准备金率来控制流动性。

英国智库 Capital Economics 的经济学家 Mark Williams 表示,存款准备金率已成为央行调控信贷增长的主要手段,预计未来一年,央行还将积极利用这一工具。Williams 预计,中国基准利率 2011 年只会上调 25 个基点,而存款准备金率将被上调 300 个基点。

《国际金融评论》(IFR)的经济学家 George Worthington 则认为,中国的存款准备金率"最多"会被上调两次,每次 50 个基点。他指出,存款准备金率已经处在高位,因此央行会更倾向于直接控制某些行业的信贷增长,同时更关注利率水平的调整。他预计年底前中国央行将把基准利率上调 100 个基点。中国央行上一次加息是在 2011 年 2 月 8 日,当时央行把存贷款基准利率分别上调了 25 个基点,次日生效。中国央行 1 月份还上调了存款准备金率,使多数大型银行的存款准备金率升至 19%。

而国内 CPI 涨幅过高,在于国内的热钱无处可去,大量流入房地产市场,导致房地产价格快速飙升,最后传导到了食品类价格。从房价传导到食品类消费品价格要经历近一年或一年半的时间,这期间是抑制通货膨胀的关键时期,也是货币紧缩政策迅速实施的时期。在这样一个时期,股市低迷是必然的。

国内的一些上市公司比较劣质,市场投机炒作盛行、内幕交易不断,再加上机构投资者短期业绩考核过度,从而使得整个市场每个人都在盲目寻求短期利益。这样一个大家低头抢钱的股市,也必定十分脆弱,一有风吹草动就会产生巨大的震荡。

2008 年发生金融危机后,美国股市及金融机构在量化宽松的货币政策刺激下短期内得到恢复。而次贷危机的发生,让美国政府对于金融机构的监管更加严格。当美国第二次量化宽松(QE2)货币政策推出后,市场对它给国际金融市场效用的预期比 QE1 更大。当这种预期被热钱及对冲基金放大后,美元在短期内快速贬值,黄金、石油、大宗商品价格快速飙升,炒作者从中牟取到了暴利。

我想告诫大家的是:即使在国内投资股票市场,也需要对全球经济的发展有基本的了解。特别是对美国金融市场的风吹草动,要特别留意。

房产新政,最后的财富狂欢?

中国的房地产,老百姓一直在谈论,我也有所耳闻,尤其是最近几年,几乎到了千夫所指的地步。随着房价的不断走高,国家出台了一系列的房产新政。在2011 年更是出台了新"国八条"。面对监管的不断严格,我的很多朋友都跃跃欲试,想赶上最后的末班车。新"国八条"并不涉及商业地产,这就更给这些朋友带来了信心。可事实真的如此吗?我们先来看一则新闻:

新政不涉及商业地产 商铺投资或受追捧

2011 年 2 月 16 日 新浪房产

在刚刚过去的春节假期中,在新"国八条"背景下的镇江楼市表现如何呢?业内人士认为,政策将对炒房现象起到明显打压作用,而对具有刚性需求的普通老百姓,影响则极为有限。在政策不断升级、市场极为敏感的阶段和时期,许多房地产企业将会调整销售策略,抢占市场先机的企业也会越来越多。

新政后,镇江楼市显"清冷"

新"国八条"、房产税等楼市新政,成为人们走亲访友时谈论的热点话题,而央行在节假日的最后一天宣布加息,也使得楼市走向备受关注。

据了解,初一至初六,我市房产交易量为"零"。目前的楼市冷清是否是受到新"国八条"的冲击呢?有业内人士指出,不排除有这方面心理因素的影响,但春节期间楼市有其特殊性,不可作为判断该措施效果的时间标准。短期内很难看出新"国八条"的效果。专家分析,由于政策调控力度逐步加码,春节后,部分开发商或许会主动通过打折优惠等"以价换量"的方式吸引购房者,以促进成交。

新政后,购房心理或将被影响

开发商面对新出台的楼市新政,还是有一些担心。他们认为,新政对于购房者的心理影响会比较大,提高一成的首付比例,会让他们重新计算购房成本,购房者的预期可能被干扰,影响购买的速度,造成短期内观望的态度,可能会减少销量,但价格还得再看。

购房者王宏对笔者说,他本来迫切想改善一下住房条件,但是看到新政策出台后,现在不敢轻易出手购房,主要是想着调控政策下来了房价也许会受到影响,再加上二套房的首付比例又提高了一成,这样就意味着要多付出一些购房成本,所以王先生决定暂时看看情况,并不急于出手购房。

某楼盘销售总监表示,二套房首付比例提高对购房者实际的影响并不是太大,但是在购房心理层面上会产生一定的影响。因为调控会让准购房者对房价产生一定的期待,购买第二套住房的购房者或将被"误伤"。这一政策的出台,很有可能会挫伤那些真正的刚需者购房的积极性。

老投资客要"掉枪头",商业地产或将"热"起来

新"国八条"将买房者投资住房资金成本提升,而商业地产首付只需 50%。

其次,新"国八条"明确住房限购,而商业地产完全不受约束。

拥有了这些有利条件,一些有经验的投资人员酝酿要"掉枪头"。一位已经拥有十几年实战经验的老投资客表示,他过去都是投资住房,但是当前看来在如此严厉的调控措施下,投资住房已经无太大的"花头"了,节后他就想去看一些店铺。

业内人士认为,商业地产投资对于老百姓而言相对陌生,成熟的投资市场尚未构成。但是,随着商业地产日益受到关注,具备实力的机构投资者也会从住房市场转向特别专业的商业领域。

一系列房产新政出台后,由于商业地产完全不受限购约束,且买商业地产只需五成首付,已经有投资者"掉枪头"投资商铺。据统计,在2月份报价上涨的约14个项目中,酒店式公寓和商办项目占三成以上,有的项目涨幅达到20%。

不过值得注意的是,大部分项目价格上涨出现在1月份限购、房产税等政策出台前,而非出台后。而涨价的原因,除了部分项目更新换代以外,借机炒作、吸引更多眼球和促进下单也是可能的原因。"有些楼盘可能实际成交没有涨价,却叫着要涨,目的就是让想买又被政策吓到没有下单的人快点交钱。"中房信分析师薛建雄说。

尽管已出现投资客"弃住投商"的现象,但我还是要提醒大家,商铺换手率极低,转让交易过程中税费很高,通常上家需要缴纳的税费占其利润的55%以上,因此绝大多数商铺投资者选择长期持有,通过收租获取利润,这和投资住宅讲究高抛低吸赚取差价的赢利模式有根本的区别。我不建议普通的投资客投资商业地产,尤其是从住宅市场转向商业地产的。商业地产有更高的专业性,要考虑它的定位、周边人气、对专业知识的要求也比住宅市场高很多。国家政策在住房上下大力气,这也让房地产市场中从前本来就有些过剩的资本又集中在了商业地产。如此一来,商业地产将很快过热。要么无利可图,要么在国家出台针对商业地产的新政策之前匆匆出手。

在我看来,所谓的"最后的晚餐"并不存在,不过是国内房地产市场过热的必然结果。放眼望去,低利率、低价格、高质量的美国房地产市场存在着实实在在的机会,我们不妨去美国看一看。

砸钱去升级,不过是痴人说梦

最近,我的一位朋友兴冲冲地来找我,说:"我最近看电视的时候,看到一则新闻,说江浙一个做服装的女老板,投资400多万元进行产业升级,购置机械设备,并且把厂子迁到了四川,这样不但节约了人工成本,还避开了民工荒。我也打算学她的样子把厂子迁到江西去,再购置一批新设备,这样可以少雇一半的工人。"

我听了他的话,连忙制止了他。为什么呢?

长三角和珠三角的用工荒已经不是一年两年了,那里的生活成本越来越高,人力成本也水涨船高。即使如此,很多工厂依然招不到工人。这是为什么?是因为中部、西部在国家政策的扶植下,也开始发展制造业,新工厂一个挨着一个地建成投产。他们走的路,和当年长三角、珠三角走过的一样——低端的加工制造业。这样的产业吞掉了大部分普通工人,于是中西部和沿海地区上演了人力资源争夺战。

可能有的朋友会说,这样不是挺好吗,用人荒最终导致农民工的待遇不断提高,也可以逼着已经先富起来的沿海制造业进行产业升级。这话前一半没什么错,后一半却大大地错了。

在中国,产业升级的唯一含义就是从前我造铅笔,如今我升级了,可以造钢笔了。尽管这也算产业升级,不过如此升级,无论升级多少次,无论升级到如何完美的地步,中国制造依然摆脱不了低利润、高消耗的老路。正如之前我们谈到的,苹果手机产自中国,结果又能如何呢?作为当今世界上处于技术领先地位的移动通信设备,苹果手机可以被中国人造出来,这说明中国制造业的产业升级在技术层面无可挑剔,可即使如此,我们依然只能赚取微薄的利润。

我们用太多精力和金钱进行技术升级,却忽视了我们在整个产品销售链中所处的地位——往往在一件产品设计、制造、物流、销售的过程中,制造业的利润是最小的。况且如今的中国制造业,竞争如此激烈。长三角和珠三角竞争,东部和中部竞争,中部和西部竞争,然后大家再打作一团,最终哪一个能获胜呢?不是技术最好的那一个,而是敢于突破底线,以剥夺本国劳动阶层的各种劳动保障、放任自然环境的损害为代价,从而赢得竞争中的价格优势的那一个。

与其把资本拿出来为有局限的技术和设备升级,还不如研究产业链条中的新机会,创新商业模式。比如:我们有不断升级的制造技术,有世人惊叹的聪明才智,为什么只想着制造,而不直接销售呢?如果真的决定要建立自己的产业链,从研发到制造,从制造到销售,那么我还要啰嗦一句:与其在国内发展,不如直接以最低的成本登陆美国,以夷治夷。登陆美国,不意味着盲从,而是要有智慧、有计划地实施。更重要的是,找到最佳的途径。

中国在进行艰难的产业升级,按照市场流向,制造企业会自然撤出成本攀高的沿海地区,而走向中西部内陆地区。而沿海地区将腾出空间发展现代服务业、高端制造业,以更多的赢利支付更高的成本。让人担心的是,随着外部订单的增加,东、中、西部一起上,陷入更加无序的订单大战。东部地区依仗产业链优势,躺在制造业上不思进取。

世界如此美妙,民工荒演绎出产业升级的梦想,但剥开这一切,我们却看到了产业升级所必需的市场制度的极大欠缺。

热钱是柄双刃剑——从热胀冷缩的越南说起

热钱力挺越南小虎

越南,在过去的 10 年中,经济基本保持 7.5%的增长速度,紧随中国其后。如果说"中国速度"让人炫目的话,那么"越南速度"可以称得上是惊艳了。一个小小的东南亚国家,遭受了持续半个多世纪的战乱,如何能取得这样的成绩?在这其中,外国游资功不可没。

从 2001 年以来,越南积极改善投资环境,放宽外资政策,对来越南投资的外商给予国民待遇。越南政府的开放态度使得在欧美投资市场屡屡受挫的外商纷纷来到越南投资,投资规模逐渐加快。2001 年,外资当年协议金额仅 24.4 亿美元,2008 年则暴增到 717 亿美元。2009 年,受国际金融危机影响,外资有所下降,仍达 231 亿美元。2010 年为 185.9 亿美元。10 年来,越南共吸收外资项目 9445 个,协议总额 1659 亿美元,为上个 10 年(1991—2000 年)的 3.8 倍。

这种情况,一方面说明越南政府吸引外资的政策足够利好,也说明进入 21 世纪的第一个 10 年以后,美国、欧洲的经济发展麻烦不断。首先是滞胀,然后是次贷危机,这样险恶的投资市场迫使外国游资走入刚刚开放市场的越南。越南政府急于获取外资发展本国经济,对外国游资进入本国市场当然是持欢迎态度的,如此一拍即合,才让外国游资在越南如鱼得水。

2001—2005 年,外国投资在越南全社会总投资中的比重为 16%;2006—2007 年,外资比重增至 25%;2008 年达 30%,2009 年为 25.7%,2010 年为 25.8%。外国投资成为越南经济发展的重要资金来源。

1992 年,外国投资对越南国内生产总值(GDP)的贡献率仅 2%。2001—2005 年,年均贡献率提高至 14.5%。2006—2010 年,年均贡献率达 18%。外国投资成为越南经济不可或缺的重要组成部分。

随着越南加入 WTO 和逐步履行入世承诺，其生产经营环境得到改善，各国和地区对越投资规模和领域不断扩大，呈现投资来源多元化、投资方式多样化的趋势。跨国公司陆续进驻越南，大型项目明显增多，主要集中于房地产、油气、钢铁、化工、矿产、电子、汽车和服务业等领域。外国投资成为越南经济特别是工业发展的重要力量。

可以说，外国游资已经成为越南经济的命门，牵一发而动全身。外资的涌入，给越南经济带来了超过 20 年的持续发展，越南成为名副其实的"亚洲小虎"。

不过热钱既能让越南涨起来，也能让越南缩回去，这是一柄双刃剑。

釜底抽薪——爆炒越南危机的热钱

尽管热钱帮助越南实现了经济的高速增长，但热钱流通和增值的本质，决定了它并不是舍己为人的活雷锋，它有自己的利益诉求。这样的利益诉求会导致什么样的局面呢？那就是当越南经济虚高的时候，热钱会进入，然后把越南经济推下来，推下来以后再进入大量的资金进行铺底，再推高越南经济，然后迅速撤离。在这样忽冷忽热、忽高忽低中，热钱实现了流通和增值。

因为越南经济快速增长，又兼有开放型的经济，还拥有加入世贸组织这样好的一个对外的形象和窗口，所以热钱一定会选择越南。正如上文分析的，这时流入的热钱对越南投资也好、楼市也好、汇率也好，带来的影响应该都是不言而喻的。越南股市一度成为外资的天堂。外资的涌入在 2007 年达到了高峰。2007年外资直接投资（FDI）实际利用金额达 46 亿美元，外国证券投资汇入金额达 55 亿美元，是 2006 年的 4 倍，连同海外直接援助（ODA）的 54 亿美元以及越侨汇款的 60 亿美元，2007 年流入越南的外汇高达 300 亿美元。

但是越南经济发展得太快，给了热钱足够的机会把自己炒热，这就非常危险。热钱在这个时候大量涌入，不断地把大量资金推向越南市场，而越南市场并不会创造这些资金流推动的虚的资产价值，或者资金价值。这样的泡沫会给热钱带来机会，却会给越南经济带来隐患。近年来，信贷、外国投资强劲增长，以致流通中的货币供应量大幅增加，通胀压力骤增。尤其是 2007 年，外国投资、侨汇以及游客消费等资金大幅增加，越南市场资金投放量继续扩大，其中信贷比上一年增加 53.8%。与此同时，国内一些大企业集团急功近利，把相当大一部分资金投放到股市及房地产上，为股市及房市的虚高推波助澜。对此政府未能采取有效措施，导致资产价格膨胀并积累了大量的金融风险。

在 2008 年，随着通货膨胀率的急剧攀升，越南金融领域出现了很多不稳定现象，越南盾持续贬值，股市被腰斩，房价暴跌，并且出现了大量国际资本外逃的现象。2008 年，越南证券市场一落千丈，物价却一路飙升，5 月 CPI 更是创下13 年新高，攀升到 25.2%。其中食品价格上涨最多，达到 42.4%，核心 CPI 中的房屋费用也上涨 23%。为了控制高企的通胀，越南中央银行开始大幅度收紧银根，将基本利率从 8.75% 调高到 12%，从而使企业贷款紧张，并引起恐慌。而热钱在越南经济恶化及美元走强的双重刺激下撤离，造成当地股市暴跌，金融危机来临。

应当说，热钱的这种行为并没有善恶对错之分，这是由它的本质决定的。而这一轮的热钱冲击，也是由越南经济的"体质"决定的。大量地吸引热钱，却对热钱缺乏监管，这是越南遭受这场"飞来横祸"的根本原因。可以说，热钱在越南没有变成助跑当地经济的"外资"，而变成了来势汹汹、善于釜底抽薪的热钱，正是因为越南软弱的调控和先天不足的经济"体质"。其实换一个稳定的投资空间，热钱的面目远不会如此狰狞。

别让热钱水土不服

2010 年的达沃斯，国际社会同心协力取得了应对危机的初步成果。世界各国携手合作，共同应对。世界经济有了复苏的迹象，与会的领导人们持谨慎的乐观态度。世界经济论坛主席克劳斯·施瓦布说，当今世界已发生根本性变化，全球政治和经济重心已由西向东、由北向南转移。是的，在此轮金融危机中，中国作为新兴经济体代表，成为带动全球经济复苏的重要引擎，与西方发达国家疲弱的复苏势头形成鲜明对比。在为期 5 天的讨论中，与会者普遍对中国经济充满信心。

通过连续多年的高速发展，中国已成为世界最大工业产品生产国和世界第二大经济体。拉米特别强调，中国以此为契机，成功带领数亿人摆脱贫困，在减贫方面取得了举世瞩目的成就。此外，加入世贸组织还使中国获得了市场准入、贸易争端解决、贸易规则制定等方面的便利，也增强了外国投资者对中国的信心，帮助中国赢得了大量投资。而如今，越来越多的外国政府对来自中国的投资者表现出极大的兴趣。中国正从以吸引投资为主，走向以输出资本为主的发展模式。走出中国，是中国加入世贸组织十年的一个伟大变化。

面对全球性的通货膨胀，老牌发达国家头疼，新兴国家也很头疼。全球经济复苏的步伐并不平衡。例如美国的经济增长虽然达到了2.9%，趋向利好，但其失业率却居高不下，达到了9.6%。在美国的普通国民和经济学家看来，这一届政府不能制造就业机会，算不得一个表现优良的政府。在这样的压力下，从前不断向外转移制造业的美国，又开始了第二次工业化，吸引外国投资，将一些制造业转回国内，以求解决就业问题。美国的地方政府纷纷成立招商部门，在中国设立办事处，并且给予中国的投资者以种种政策上的便利，以吸引投资，期待这些中国资本能够注入美国。

另一方面，欧元区尚未从金融危机的阴影中走出来，就又遭遇了主权债务危机。更加可怕的是，目前欧洲各国都没有找到解决主权债务危机的好办法，只能任其蔓延。在达沃斯论坛上，尽管法国总统萨科奇和德国总理默克尔都呼吁，目前欧元区的主权债务危机很严重，必须要得到解决，但都拿不出解决问题的具体方案。对于这种局面，萨科奇强调，希望二十国集团增加合作，而非从前的八国集团。萨科奇的话指向很明显，新的世界经济格局正在形成，以中国为代表的新兴经济体将要承担更大的责任。而这些国家的资本，将成为欧美国家需要争取的目标。

一场次贷危机，给中国带来了莫大的发展机会，让中国拥有了可以在国际经济舞台上重新排座次的实力，也使得中国国内的闲置资本向热钱方向急剧膨胀。

美国在经历了次贷危机后，经济有复苏的迹象，金融与房地产市场趋于稳定。如今的美国急需资本注入，愿意降低税率、降低地价、提供一切便利，为什么我们不把资本输出到美国呢？热钱留在国内狂奔，疲于奔命，却没有得到好的收益。2010年生活必需品的涨价，房价的持续上涨，不都是热钱流动的结果吗？与其让热钱在国内不断折腾，不如将其投到国外会更有益处。美国，一个强烈需要资本注入，解决国内就业问题、经济增长问题的国家，一个法制相对完备的国家，一个保护私有财产的国家，一个有着种种优惠政策的国家，一个生活设施齐备的国家，一个相对没有仇富情结的国家，不恰恰是投资人需要关注的地方吗？

热钱如果继续留在中国，恐怕就真的变成热钱了，还是趁早让它流向美国吧。这样,一方面作为投资人的我们,不必承担高额的风险赚取利润;另一方面,热钱成为带动美国当地经济发展的"外资",如此的双赢局面,现阶段正是最佳时期。

温州市对外贸易经济合作局于 2011 年初下发《温州市个人境外直接投资试点方案》,投资者可以使用自有外汇资金、人民币购汇以及经市外汇局核准的其他外汇资产等,进行境外直接投资。央行行长周小川近日也表示,实现人民币资本项目可兑换是"十二五"期间的重要工作之一。下一阶段,要在有效防范跨境资金异常流动风险的前提下,稳步推进资本项目可兑换。其主要措施就包括以扩大个人用汇自主权为着力点,进一步放松个人其他资本项目跨境交易。再加上开放人民币在港购买股票等利好消息都表明,国家对引导热钱外流已经有所动作,温州资本将成为第一批试水投资的主力军。目前人民币在国际汇率市场上的强劲表现,加上国家的政策鼓励,这正是国内资本走出中国、去收购海外优良资产的绝佳时机。

热钱在国内的流通、在国际的流通,既可以看作是洪水猛兽,也可以看作是历史机遇。能够认清形势者,将以当前较小投入获得将来的高回报,这并不是幻想,而是现实。

第五章

中国制造蜕变记

——登陆美国

孙先生的事业沉浮记

我认识一位在宁波做服装加工生意的朋友孙先生。孙先生在宁波为美国进口商加工服装,每年的成交额可以达到上亿元人民币之巨。在外人看来,孙先生是个成功的商人。可孙先生却经常向我诉苦说,别看成交额巨大,可这个行业竞争很残酷。为了拿到订单,有时甚至在没多少利润的情况下,他也要争着接单,于是他往往做得越大、赔得越多。孙先生的服装厂,现在已经到了仅仅够维持运转的危险地步。而孙先生的同行们常常是白天里为了抢订单打得头破血流,晚上却聚到一个饭桌旁吃吃喝喝。孙先生不止一次地要放弃,他觉得自己所从事的行业毫无前途。

可我告诉他,其实他做的行业不但前途光明,而且大有可为。我把孙先生拉到美国的拉斯维加斯,让他亲身去参与了一次在那里举行的服装展会。在那里,很多美国的中小经销商都为自己的特定消费群体采购服装。每个经销商采购的数目都不大,可积少成多,累积起来数目却十分惊人。孙先生将自己的产品拿到展会上,吸引了很多中小经销商的注意,尽管那一次孙先生没有拿到太多的订单,可他却真的看到了我所说的光明与希望。

孙先生回国后,立即委托我为他组建了一个美国分公司。这个所谓的分公司,其实很小,不过是两三个美国当地雇员,一间小库房,一间办公室,两三部电话。在注册公司成功后,这个分公司又在美国注册了一个品牌。可就是这样一个小小的分公司,却让孙先生的工厂起死回生。因为美国雇员熟悉美国的各种大小展会信息,而且有着孙先生从前在国内想也不敢想的美国式的敬业精神——他们习惯低底薪、高提成,也习惯了在美国各大城市飞来飞去的"飞人"生活。这些美国雇员带着孙先生的产品不断出现在各种展会,美国雇员们和美国经销商的零障碍沟通收到了很好的效果,他们不但将产品推销了出去,还将美国服装市场的最新动态反馈给孙先生,让他可以迅速地生产出在美国畅销的产品。

另外,在我的指点下,孙先生把繁琐的报关、出口、财务报表、法律咨询等项目外包给了几家印度服务公司,因此尚不熟悉外贸业务的孙先生在美国一样可以做成生意。

于是,孙先生在宁波生产的服装,在美国服装市场上成为了紧俏商品,而因为孙先生使用了美国品牌的缘故,他的服装每年在国内的销量也在增长。

现在的孙先生已经不再像从前那样每日愁眉不展,他现在雄心勃勃,还要扩大在美国的分公司的规模。当他再一次见到我的时候,高兴地对我说,他现在每年的销售额只有六七百万美元,但是利润很高。他很庆幸当初能够接受我的建议,没有因循守旧,只在国内一味的扩大产能式的发展。他对我说:"你说得对,我从前是在国内呆得太久了,当我走出去的时候,才发现世界有多大,市场有多大。我的同行们现在仍旧与过去一样,为了那点微薄的利润打得头破血流。现在回头看看,还很后怕,如果我继续这个样子,恐怕早就倾家荡产了。如今我把大量的时间都投入到了学习上。你看,这是我上了半年服装设计课的作品。虽然不很专业,但却对我理解我们公司设计师的设计理念很有帮助。对了,我们公司最近特意在法国聘请了自己的设计团队,我们如今可不是当年那个只会按老外图样作裁剪的土作坊了!"

看到孙先生如今的意气风发,我打心眼里高兴。在我看来,孙先生的过去、现在和将来,是具有代表性的。在江浙一带苦苦挣扎的企业家们,在你们与同行低头厮杀的时候,请抬头看看已经走在前面的中国企业家们。他们走出去的经历,是一部多好的教材啊。

拥有一个外国品牌

出产地不代表出身　品牌力量更大

孙先生的故事,给了我们很大的启迪,在中国之外的市场很广阔。可我要提醒大家注意一点,走出中国的孙先生的生意不止在美国红火,在中国也很红火,这是为什么呢?这和他使用了美国的服装品牌有关。说到外国品牌,我忽然想到了最近的一则新闻:

大陆人抢购导致奶粉短缺　港家长吁征"奶粉离境税"

《联合早报》易锐民(2011—01—29)

大陆人在香港抢购奶粉,导致香港奶粉供应出现短缺,买不到奶粉的香港家长愤而在网上发动"奶粉税革命",要求港府向携带未开罐奶粉回大陆的人征收"奶粉离境税",税率为奶粉原价的 10 倍。

据市场反映,近期香港严重短缺的奶粉,是市场占有率达 50%以上的美赞臣 A＋奶粉。它是香港最畅销的奶粉。

一名妇女打电话到电视台节目中反映:"要逐个轻铁站去扫那些万宁、屈臣氏等(药房),都没有货,要去到第二个区,即那些老人区,搬那些奶粉回来。"

她引述药房负责人的话说:"总之现在就是缺货,你不要,我就留给那些客。人家一箱箱买,你们那些香港人,就买一两罐,那我都不用做你们的生意了。"

另一名妇女投诉,因买不到奶粉,她的两岁孩子已没有奶粉食用三个月,被迫转喝牛奶。

大批大陆游客及水货客(走私)到香港疯狂抢购奶粉,使奶粉价格屡创新高,更导致香港经常出现奶粉荒。

港九药房总商会理事长刘爱国表示,多间药房出现大陆人购入全部奶粉的情况,由于这些大陆顾客愿意付出每罐多约50元港币,导致奶粉供不应求。

他说,其实药房已增加了两成进货,但每天该会仍接到10多个电话,投诉买不到奶粉。商会已要求药房尽量留货给本地客,但不排除过完农历年后,才可恢复正常供应,婴儿可能要被迫转喝牛奶。

数百名香港家长日前在亲子网站留言,建议港府开征"奶粉离境税",以保障香港婴孩有足够的奶粉供应。

大陆妈妈抢购奶粉事件表现出来的可能是"三鹿奶粉事件"后时代的一种恐慌,其实隐藏在这恐慌之后的,还有一种国人对外国品牌的盲目、近乎狂热的崇拜。

从改革开放以来,外国品牌不断涌入中国市场。而中国人往往更加钟爱外国品牌,认为这些产品比本土品牌质量更好。大陆妈妈去香港抢购奶粉,正是基于这种心态。而食品安全学者则告诉我们,外国奶粉的食品安全问题未见得比中国奶粉少多少,其实大部分的国产奶粉是安全的。尽管如此,依旧挡不住大陆妈妈去香港一箱一箱地购买奶粉。

更有甚者,很多大陆游客去香港旅游,回来忙不迭地称赞香港的水甜、香港的菜鲜,岂不知那水、那菜,都是由大陆运送到香港的。这一切都说明什么呢?说明品牌的威力是巨大的。尤其在这个全球充斥着中国制造的时代,出产地已经不能说明商品的出身了,品牌的力量更显得突出。孙先生的服装在国内热卖,与外国奶粉在香港的脱销,都证明品牌的作用。

我觉得,尽管很多中国学者都对所谓的"崇洋媚外"深恶痛绝,可如今的现状是,中国的消费者对外国品牌的认同要大于本土品牌。在他们看来,外国的月亮的的确确要比中国圆。要改变这种错误认识,还需要相当长的一段时间。在国内的消费者正视本土品牌之前, 我们还是可以在提供货真价实产品的同时,利用一下外国品牌以增加对产品的信任。

印度人的"陆虎",中国人的"沃尔沃"

注册外国品牌的另一个优势在于,可以尽快获得当地消费者的认同。尽管中国是世界上最大的制造国,中国制造充斥世界,但是我们要清醒地认识到,中国制造在一些国家的消费者看来,名声并不好,这和少数的中国制造商粗制滥造、偷工减料有关。也是一些国家的媒体出于吸引眼球的目的,刻意渲染的结果。而中国制造不受欢迎的更根本因素是,当地消费者对于来自遥远国度的产品缺乏认同感。在很多外国人看来,自己国家的产品才是可靠的,特别像日本这样的国家更是如此。而使用了外国品牌的中国制造恰恰可以赢得信任和认同,比如一双运动鞋,一个地道的美国品牌,由一个美国公司销售,即使这双运动鞋产自地球另一边的中国,依旧会在美国热卖,这就是品牌带来的力量。

在法国赫赫有名的手袋品牌 Kesslord,2010 年一家店的营业额就达到了120 万欧元,位列中高档皮具的第五位。可谁又能想到,这个地道的法国品牌,拥有者却是一位华裔女性。1984 年,14 岁的叶温迪随父母从内地移居巴黎。父母买下了巴黎一家工厂,为法国的一些皮具品牌做加工,替犹太人的批发店生产比较低档的皮包加工。

20 世纪 90 年代,叶温迪接受了父母的工厂。叶温迪和她的父母都是大陆来的新移民,当他们小小的工厂依旧在做低端加工时,叶温迪开始着手两件事。正是这两件事,让她的事业获得了成功:

1. **融入法国的生活**。叶温迪为了打入法国高端皮革产业,除了学习制作工艺、设计方法,还努力培养自己的创新设计风格。她研读了整个 20 世纪的时装发展史和欧洲文化美学,并努力去了解法国人的生活习惯变化。在了解法国人的过程中,叶温迪看准了 20 世纪 90 年代初,简约主义风格流行的潮流,认为这种风格正是法国人所喜爱的,这种风格也将在法国大行其道,于是她用漆皮和光面皮做了 1 个系列 8 个款,拿到了一个设计师私人展览会上,结果一炮而红。

2. **使用法国品牌**。叶温迪知道,拥有一个法国的品牌,将会对自己的事业带来相当大的推动力——要知道,相对于一个中国品牌,高傲到要拒绝说英语的法国人,是很难认同外国品牌的,更何况法国拥有世界时尚之都巴黎。于是叶温迪大胆收购了一个法国设计师品牌 Kesslord。

叶温迪的策略是成功的,尤其是那个法国品牌 Kesslord。很多法国人都误以为 Kesslord 是真正的法国制造——法国的设计师设计,法国的工厂生产。由此可见叶温迪的 Kesslord 融入法国社会有多么成功。

而叶温迪为了维护 Kesslord 的法国品牌形象,也作出了很多努力。这些年来,虽然叶温迪一直是 kesslord 的创意核心,但每当有杂志来采访时,叶温迪都是安排公司的法国销售总监和设计总监出面。叶温迪担心法国人会因为她是华人，而影响他们对品牌或者产品的看法，因为在很多法国人眼里，中国人只能做低端的品牌加工。

这是叶温迪的精明之处，也是很多准备登陆美国的中小企业需要学习的经验。中国制造并不是低端产品，一样可以登堂入室，而在它登堂入室之前，对外国人来说建立一个当地的品牌是非常聪明的做法。

当然，中国制造也需要用自己的品牌来证明中国人的制造技术和创造力。不过这是在登陆美国，已经获得立足之地以后再考虑的事情。事实上，叶温迪也是在 Kesslord 热卖后，生出了创立自己华人品牌的想法，而这恰恰建立在实力的基础之上。叶温迪的华人品牌也需要走向世界，成为世界品牌，才有继续发展的空间。不可否认的是，西方人对中方文化在理解方面是有差异的。与其把赌注压在让他们接受一个中国品牌上，不如用一个已有的西方品牌作为突破口，再图改变。

不管品牌的拥有者是哪国人，只要品牌与当地的文化融合，被当地人所接受，那么品牌的价值才能真正体现出来，就像"陆虎"品牌的拥有者是印度人，"沃尔沃"品牌的拥有者是中国人等等。无论是中国品牌还是外国品牌，最终只有成为世界品牌，才具有真正的竞争力和号召力，才能掌握上游产业链，才能成为真正的赢家。

拥有一家外资企业

转换身份后的新机遇

在上一小节,我跟大家分享了登陆美国后的第一个优势——直接以美资名义注册国际商标。而利用这个商标在国内合资或独资经营服装、餐饮、体育用品等,非常有利于品牌快速成功,占领消费市场。

公司登陆美国后,除了品牌方面的优惠,还有一点就是以外资身份回归国内。在拥有了一家美国公司后,我们可以直接以美资的名义全资控股国内公司,实现资产转移,并合法享受外资待遇。

2008年爆发的国际金融危机对我国国民经济和中小企业造成了严重冲击,为了解我国沿海地区中小企业受到的影响,中国社会科学院调研组分两个阶段进行了实地调研。2009年上半年先后赴江浙、福建省几个城市了解中小企业在我国整体经济触底前后的情况,下半年又到珠三角地区了解在经济企稳回升关键时期中小企业的发展现状。随后中国社会科学院课题组提交了一份名为《金融危机下沿海地区中小企业调查》,其中提到,中国的中小企业,普遍感到企业的税费负担严重,融资困难:

中小企业普遍反映税负较重,统计显示,企业的税金与利润的比例为30:70是比较合理的。而2008年上半年,宁波市规模以上工业企业上缴税金与利润之比为41.4:58.6,其中,中小企业的这一比例为42:58。相关部门调查数据显示,上半年宁波市规模以下工业企业税负和利润之比达到了50:50。此外,增值税、所得税、附加税、土地税、房地产税以及个人所得税,也挤占了企业的大部分利润空间,税负成为广大中小企业生存与发展的重要包袱。2009年上半年开始的"税收大检查",江浙地区多数企业对此有一定看法,有的企业反映地方税务局在企业正常缴税的基础上按产值补交税,300万元以下交3万元,他们认为这种查税不合理,增加了中小企业的负担。

中小企业的缴费负担也较重,成为企业发展的瓶颈。目前对中小企业征收的费用种类较多,而且一直降不下来,尤其对那些微型薄利的企业负担更重,抑制了此类企业的发展。广东省2008年企业缴费的增长率还大于GDP的增长率。

危机下,不少企业反映,国外的老客户要求将产品运送到当地市场,设立当地供货点,在当地"进口",甚至要求将产品直接供应到当地用户的工厂门口。这种做法延长了销售链条,增加流动资金占用,延缓了货款回收速度。销售中的风险都转嫁到我国企业身上。

同时,危机中,进口我国产品的不少国外贸易企业,尤其是中东欧国家的进口商得不到当地银行的信贷支持,开不出信用证来。在这种情况下,国内的出口企业有订单也不敢接。

在金融危机的大背景下,企业都奉行"现金至上"的原则,对货款能拖就拖。尤其对于规模较小的企业,它们多数都处在供应链的下游,弱势地位明显,货款返回时间较长而且还存在"三角债"的复杂关系,都严重影响了这些小企业的生产经营活动。这些小企业由于缺乏资金和人力通过法律途径解决这一难题,就派企业的人员去各地追讨货款,对企业来说是一个不小的负担。

据我了解,如今这种税费负担严重的问题有所缓解,但并不十分明显,要想根本消除,尚需时日。登陆美国后,这个问题可以迎刃而解。获得外资企业身份的中小企业,将会摆脱掉不少恼人的税费负担。

尽管现在外资企业在华的特殊待遇取消了一些,但我国很多的区域经济发展,依旧依赖于外资企业的进驻。2011年3月新华社的一篇报道称:"目前中国已经连续19年成为发展中国家吸引外资的'冠军',位居全球第二。随着在华外资规模的不断扩大,外资已成为中国经济社会发展中不可或缺的有机组成部分:贡献了1/3左右的工业产值、2/3左右的外贸进出口额和数以千万的就业岗位。"外资企业在中国的经济体系中,占有举足轻重的地位,所以在一些地方,为了吸引外资会有一些政策倾斜。

尽管取消了超国民待遇,事实上的政策优惠还是存在的。江苏、浙江、广东这样善于吸引外资的经济强省自不必说,即使是四川、重庆这样的西部地区,优惠政策也是那么诱人。在2010年11月出台的《成都市人民政府关于进一步做

好我市利用外资工作的意见》中,从优化利用外资结构、促进利用外资方式多样化、积极引导和承接外资转移、深化外商投资管理体制改革、营造良好的投资环境等五方面提出了多条具体措施:

符合条件外资项目　用地有优惠

在优化土地配置方面,对列入国家鼓励类外商投资项目、纳入《成都市工业发展重点支持目录(2010)》且符合我市"一区一主业"布局规划,达到相应投资强度、容积率和建筑系数等控制指标的项目,优先保证用地需求。市级战略功能区和现代服务业重点聚集区内新建的特别重大项目(总投资5亿元以上),属于金融、文化创意、商务服务、科技服务、教育培训等生产性服务业且建成后不分割出售产权的,可按不低于土地取得的成本价确定出让底价,以挂牌方式出让。

境外上市企业返蓉投资 最多补贴500万元

鼓励外资参与国内企业改组改造。积极吸引外资企业总部项目,进一步充实完善外资企业在蓉设立总部或地区总部政策。

我市在境内上市的公司引入境内外战略投资者,按照融资额的1%对企业高管实施奖励(单户企业奖励总额不超过50万元)。境外上市企业返蓉投资也将享受政策优惠。我市在境外上市融资企业返蓉投资的,将按照在我市投资总额的1%给予补贴。

不单单是四川的成都,很多地区也推出了自己的优惠政策:

江西省政府近日发布有关进一步做好利用外资工作的若干意见,提出的目标是:"十二五"期间,全省实际利用外资年均增长10%以上,并推出了一系列优惠政策,其中,外商投资企业进行增资扩建或技术改造,新增投资2亿元以上的,属省、市、县(市、区)有权减免的规费予以全免;新增投资1亿元至2亿元的,减免60%。

如此优惠的政策,在过去简直是不可想象的。您只需登陆美国,拥有一家美国公司,然后回归中国投资、建厂,即可享受外资特殊政策,这就是身份转换带来的新机遇。

从美国走向中国

在美国注册公司,不单单是为了将中国制造推向全世界,也是为了将其他国际知名品牌的产品推向中国。当我们拥有了一家美资公司后,以美资名义可以方便国际商贸往来,直接代理美国或国际著名品牌产品、高新技术和商务服务。

我最近看了一段由一位在英国的华裔小伙子拍摄的一段纪录片,记录了各个国家人们对于中国人的看法。其中一个法国小女孩说,她对中国人的印象是,他们都成群结队地去买 LV 包。由此可见,我们的同胞对于国际知名品牌有多么强的渴望。而一些奢侈品牌已经越过了北京、上海、广州,挺进中国二、三线城市。

奢侈品牌挺进中国二、三线城市　杭州消费能力居首(摘录)

《中国经济周刊》记者　侯隽北京报道

"我们为了迎接春节前来购物的中国顾客,已经雇用了会说普通话的店员,帮助顾客挑选商品、付款。"伦敦知名的百货公司之一哈洛斯(Harrods)百货公司对外宣布,为了迎接春节前去购物的中国游客,他们将开通使用中国银联卡,使中国游客的消费更为便捷。

1月,高盛咨询公司发给《中国经济周刊》的《奢侈品市场调查报告》认为,中国市场将在5—7年内成为全球最大的奢侈品消费市场,到2025年将达到328亿美元的消费能力。

瑞士某手表品牌中国区经理 Peter 也告诉记者,虽然他们2011年的计划是把店铺开满中国所有的省会城市,"但我还是想说,在欧洲卖掉一块表最快也需要4小时,人们把购物当作一种享受,要精心挑选一块最适合自己的表,要知道一块最便宜的入门表也要10万元人民币以上,而面对中国客人,我曾经创下一小时卖8块手表的纪录,我真的希望他能慢一点,再看看适不适合。"

"住便宜的酒店,吃唐人街的中国菜,把商场变成大卖场",这是近几年中国游客留在外国人脑海中的印象。原本购物只是旅游过程中的一个节目,但如今不少中国游客却有些本末倒置。"在欧美，购买奢侈品一般是夕阳西下时分，穿着体面的顾客在店里浏览商品的同时也享受着平静和属于自己的高级定制服务，一件华美的、属于自己的奢侈品应该带来温情脉脉的喜悦而不是狂热的躁动。"经常出差国外的 Selina 女士说。

"毫无疑问，中国一定是世界上最大的奢侈品市场，但真的理解奢侈品文化、能让时尚扭转方向需要 10—20 年。"连庭凯这样认为。

据有关调查显示，未来 5 年中国奢侈品市场将会达到 146 亿美元，占全球奢侈品消费额首位，全球 1/4 奢侈品是中国人购买的，其中 60%奢侈品在国外购买。这意味着什么呢?意味着以奢侈品为代表的国际知名品牌在中国有着巨大的市场号召力，代理国际著名品牌产品，将是中国资本登陆美国后的另一条出路。

在过去的近 20 年时间内，我曾经在几家国际知名的跨国公司工作。我记得在美国企业工作的时候，往往是企业管理者在全球各地找代理商。后来回到国内以后，我发现我的价值往往是帮助国内的企业去寻找国际品牌的代理。最近几年由于人民币兑美元的汇率上升，国内产品在销往国外时遇到了很大困难，但是恰恰在这个时候，我经营的一个生意，本身是美国的品牌，这几年的销售却变得非常好，当时我不知道为什么，后来才发现很大原因是因为国际产品在国内销售的时候价格逐渐有优势了。

一个成功的品牌代理商，在其经营过程中会涉及很多事情，比如市场营销、财务管理、服务等专业性的提升。在与品牌公司各业务部门间的协作中，特别是与技术部门的沟通过程中，会让你的企业学会很多事情，增强自身团队的整体水平。同时，你还有机会结识这个品牌在国内积累的客户，这对你长期发展是非常有益的。我们都知道很多国内知名的品牌比如联想就是从给国际某公司做代理而逐渐发展起来的。

另外，在美国注册公司后，还可以加入当地的行业协会，得到在国内无法获得的优势。在美国商业经济社会中，不论你是开工厂、办公司还是养牛、种地，也不论你属于高科技还是服务行业，都有自己的行业协会。

遍布每个角落的行业协会，是业界人士在法律允许范围内，自发组织起来的非官方、非营利组织，虽然有些协会的名称不同，但性质、目的基本一致，就是维护本行业企业的共同利益、协调行业内外关系和促进事业发展。在生产经营方面,它更像是一个行业联合体。行业协会的规模有大有小,小到局部城镇,大到跨州甚至全国。运作资金一般来源于会员会费,协会领导由选举产生。

行业内由于有了协会,竞争对手变成了合作伙伴,在对外销售中形成合力,重拳出击。美国西部地区的"新奇士"合作社就是明显的一例。当初,在南加州种植橙子、柠檬和葡萄柚的果农们所产水果品种相似,成熟季节相同。每到收获季节,尤其遇到好年成,水果成"灾",大家互相压价,果贱伤农,结果谁也没有得到好处。受到多次打击之后,果农们意识到必须在行业内成立一种机制,协调关系,订立规矩,不能擅自杀价,而要一致对外,使大家都有利可图。于是,成立了"水果合作社"。合作社有科研、包装和销售(包括在海外设销售网点)三大部门。所有成员种植的水果成熟后,由包装厂统一派人去摘收,按不同大小和质量自动分类包装,统一商标、统一价格、统一做广告、统一调配出口,既打出了名牌,又促进了销售。这个"合作社"以100多年的历史告诉"社员":"合则名利双收,分则两败俱伤。"于是,它的队伍越来越大,目前已从加州扩展到亚利桑那州,成员已经发展到6500多个。

美国有些协会拒绝中国的生产企业加入,这是地方保护主义。但是,如果你在美国注册了公司,那么进入协会就变得顺理成章了。协会在提高行业内的整体业务技术质量水平、促进共同发展方面发挥了积极的作用。

来自美国的中国制造

中国制造的用工荒危机

不知大家注意没有,在 2011 年春节前后,在新闻上最常出现的字眼,除了"春运",恐怕就是用工荒了。而与以往不同的是,这一次闹用工荒的不单是长三角和珠三角的许多城市,原为农民工输出大省的重庆、四川、湖北居然也成了用工荒的重灾区。这里的企业也面临着招工难的问题,他们不得不与当地政府联手"截留"农民工,让农民工留在家乡,不要到长三角或者珠三角就业。

经过我的观察,由于过去一年多来沿海制造产业向中西部地区的转移,一度以输出劳动力闻名的内陆城市,也开始逐渐吸收劳动力。这种产业结构的调整,让长期以来劳动力单向转移的局面有所改变。我可以大胆地做一个预测,随着用工荒向内地发展,中国可以大量使用廉价劳动力的优势将不复存在,人力资源成本将会急剧提升,用工荒将会成为常态。以密集型产业见长的中国制造业,不得不面临一次残酷的洗牌。

据说,在一些地方为了应对用工荒,内陆城市的政府和企业怪招迭出。除了在客流密集的火车站、汽车站等设立招聘点,堵截民工流走,他们甚至放下身段,下到偏远区县办招聘会。在招聘会上,他们开出种种优惠条件:给予高薪高福利,方便子女入学,有的甚至以造福桑梓、帮助家乡发展作为法宝。

由于各企业和行业的人力缺口都很大,招工已成抢人,企业不单拼薪水还拼福利。比如中集(重庆)物流装备制造公司开出 3300 元至 4000 元之间的工资聘请熟练技术工、焊工、油漆工等岗位,就连试用期工资都达到每月 1900 元,此外每天还有 12 元钱的餐饮补助,带空调、彩电、热水器和卫生间的公司宿舍每月住宿费也仅 30 元。英业达则承诺给员工提供三餐和住宿,医疗、生育、工伤保障、假期都按国家规定执行,而且还给予生产奖金及年底双薪。

由于招工企业的互相竞争，重庆的招工企业 2011 年平均将工资提高了 20%—30%，或 500 元左右，已经与沿海企业的工资相差无几，甚至一些机械制造企业对一线普通工人开出的工资超过了沿海企业，达到 2000 元左右。

一些重庆的农民工认为，虽然在外打工工资高，但扣除来回路费和生活费，能寄回来的钱并不多，而现在重庆的发展和生活环境比他离开时好很多，生活水平也较低，所以如果能就近找到工作，那又何必去沿海发展呢？然而，还是有许多农民工愿意回到沿海，主要是因为工资较高、工作机会较多，而沿海的生活环境还是比家乡舒服。

中国人力资源市场信息网监测中心最新数据显示，中国用工短缺已不再是季节性问题，全国 116 个城市在 2010 年的工作岗位空缺与求职人数比率为 1.01，首次突破 1。此外，中国社科院人口所所长蔡昉指出，中国人口红利的消逝将使劳动力短缺成为长久问题。受计划生育政策影响，随着中国进入低生育阶段，农村劳动年龄人口增长率也在减慢，目前以 90 后为主体的打工者比其他年龄层来得少。

安联集团在近期发布的"人口组成脉动"报告中表示，全球人口组成的改变已对全球劳动力市场产生影响。2010 年欧盟将首度出现劳动力不足的情形，缺口将突破 20 万大关。安联预测，中国劳动力市场也将在 2019 年遇到类似问题，即退休人口数量大于新进劳动力人口的数量，出现劳动人口赤字现象。据预测，到 2019 年中国 15—19 岁的人口预计约为 8800 万，而 55 岁—59 岁的人口约为 9100 万，相差 300 万。研究发现，在全球 20 大主要经济体中，只有美国例外。由于采取开放的移民政策加上美国出生率近年来不断上升的缘故，美国的劳动年龄人口仍然在持续增加中。

如此下去，中国制造将面临两难境地——要么因为没有工人而停产，要么因为支付高昂的劳动力成本而关门大吉。

劳动力成本上升困扰中国企业

广东丰泰是美国耐克公司在中国的一家代加工厂，多年来，大多数耐克运动鞋都是由耐克公司下单，丰泰代加工的。最近，耐克却把许多本该给丰泰的订单下到了越南，不但大规模扩充在越南 4 个加工厂的生产线，还投资 1600 多万美元在越南新建一家工厂，并计划到 2012 年年底，把越南建成耐克公司最大的海外生产基地。耐克从"中国制造"转而他去,很大的一个原因就是越南的工资比中国更低。

不光是越南,印度的工资成本也低于中国。据法国《费加罗报》报道,美国默瑟人力资源咨询公司最新发布的一份报告显示,在95%的情况下,中国工人挣得比印度同行多。在同等劳动强度下,中国工人每年比印度工人多挣500美元。而管理人员年薪甚至比印度高出一倍多。该报道称,对于那些想要迁往国外的企业来说,印度比中国更具吸引力,至少在劳动力成本方面如此。多年来,廉价劳动力一直是中国产品在国际市场上具有竞争优势的主要原因,但近年来,中国劳动力成本不断上升却是一个不争的事实,这在一些经济发达的沿海省份、尤其是大城市更为明显。

对于中国劳动力成本的上升,在华投资的外国企业感受最为直接。据日本优尼电子公司介绍,该公司1992年在中国深圳投资设厂,当时公司工人的平均工资相当于8000日元,但到2011年已涨到了1.8万日元。当时招收一个工人至少有五六个人竞争,可2011年尽管工资翻了一番多,却即使通过职业介绍所招聘也很难招到合适的人才。日本一些劳动力密集型企业也开始抱怨中国劳动力成本上升过快,甚至有个别企业考虑将在中国的工厂迁移到越南等东南亚其他国家去。

除低端劳动力外,中国中高层职员及经理人的工资也在不断上涨,德国埃德瓦机械设备公司负责人理华尔先生告诉记者,从前,公司在华雇用一名有经验的经理人,月薪为5000元左右,而如今,这个价格已经涨到最低1.5万元,而且还需有年薪的40%作为奖金。另外,德国《财经时报》还报道称,从1998—2004年,中国平均工资的年增长率在8%—12%之间,高于马来西亚、泰国、越南、印度尼西亚和菲律宾的同期水平。这表明,中国的劳动力成本不但一直在上升,相对与其他亚洲国家,中国的劳动力成本优势也在不断缩小。

中国劳动力价格的上涨,不但让中国制造丢掉了很多外国订单,也让中国的中小企业举步维艰。就企业而言,劳动力成本快速上升,如果不能有效提高产品价格则企业利润空间必然遭到挤压,结果很可能是一些企业倒闭破产。这也预示着中国特别是东部地区继续大规模扩大劳动密集型产业的空间已经不大,劳动密集型产业从东部向中西地区转移的步伐将加快,甚至不排除部分会转向劳动力价格更低的国家。

那么我想请大家换个角度想问题。如果劳动力价格与中国持平,其他诸如水、电、饮食等等生活成本相差不大、优惠政策更多,这样的国家值不值得我们去发展呢?

再以美国举例,美国为外资企业提供了很多税收优惠政策;电费只需要 4 美分,没有拉闸限电;对提供十人以上就业机会的企业,即可从政府获得每名工人 1500 美元的所得税优惠;可以避免贸易壁垒和高关税;提供低廉的地价和可靠的能源保障;大批教育程度高的高素质技术工人期待获得工作等等。这些机会将随着美国经济的复苏及发展发生变化。

美国政府在招商

在金融危机过后,美国成为重灾区,财政赤字问题遍及全美各州。据美国预算和政策优先事项中心的预测,下一财年各州将着手处理大约 1400 亿美元的预算赤字。而美国的法律规定,美国各州的财政不平衡将直接导致破产,因此州政府平衡财政的压力要高于刺激经济的压力。于是,各州纷纷通过各种途径削减开支、增加收入。目前美国 50 个州中,已有一半州裁减政府雇员,22 个州开始推行无薪休假,至少 28 个州下令全面预算削减。美国地方政府财政危机,促使美国各州政府开始制定一系列的优惠政策以吸引外来投资,对民用高科技的限制也有所放宽,借以振兴经济。这其中,当然少不了中国的中小企业,这些对于他们来说,是千载难逢的机会。

美国的制造业曾经一度转移到了新兴国家,借以转移曾经居高不下的劳动力成本,这种"去工业化"过程让美国打开了次贷危机的序幕。而如今,美国开始了第二次工业化,希望吸引来自中国的项目投资,为各州带来更多的就业机会。在美国,最让政府头疼的可能不是财政赤字,而是居高不下的失业率。美国总统奥巴马在前不久称,美国经济面临的最大挑战是失业率仍然保持在高位,这是不可接受的。而根据美国劳工部近日公布的最新报告,经季节性调整后,在截至2011 年 2 月 19 日的一周内,美国首次申请失业救济人数下降到 39.1 万。这是自美国本轮经济衰退于 2009 年 6 月结束以来这一数据第三次少于 40 万。目前美国的失业率为 9%。根据美联储及其他经济部门的预测,美国失业率在最近两年将难以显著回落。在美国第二次工业化进程中,中国资本是不可缺少的,中国资本也应该借助这个机会到美国发展。

　　其实诸如海尔、比亚迪、吉利、天津钢管、远东、联想这样的很多中国公司，已经在美国设立了工厂，将自己的制造业转移到了美国。

　　由于美国各州的政府越来越依赖私人部门振兴而解决其财政问题，目光拼命着眼于吸引资金进场，政府"为企业打工"的现象已逐渐抬头，未来各州政府将有可能继续以官方姿态出面，干预中美贸易往来，贸易保护主义会逐步加剧。而在我看来，美国地方政府的财政赤字问题不是一朝一夕能够解决的。这也就为中国制造登陆美国创造了良好的机会。

　　很多中国公司由于现金充裕或国内市场竞争激烈等原因，正在探寻海外的新市场、技术和生产线。中美官方和各贸易组织注意到了过去两年中国潜在投资者越来越浓厚的投资兴趣。比如，投资洽谈会爆满，越来越多的人问起美国的投资机会，出访美国的代表团也比以前更多了。

　　在接下来两三年内，将有大量中国公司投资美国。这种趋势有望给深受经济衰退打击的各州带来急需的就业和投资，而这些州也正在竭尽全力地吸引中国的投资，它们采取的措施包括在中国设立代表处，提供税收优惠政策，以及接待中国代表团。

　　美国经济分析局（U.S. Bureau of Economic Analysis）数据显示，2008 年中国对美直接投资为 12.4 亿美元，是 2002 年的 3 倍多。但在美国的外资直投总量中，中国仍然只占了很小的一个份额。美国各州正在下大力气吸引中国投资者。2005 年，中国超过墨西哥和日本，成为美国各州政府设立海外代表处最多的国家。州政府国际发展机构联合会（State International Development Organizations，简称 SIDO）是一家代表各州国际贸易机构的组织，其数据显示，2010 年美国各州在中国的代表处有 30 家，在日本和墨西哥分别有 26 家、20 家。

　　在美国的伊利诺伊州，有一个叫做罗克福德的小城，人口只有 15 万左右，我曾经去那里游览过。罗克福德是个美丽的城市，也是芝加哥的一座卫星城。即使是这样的一座小城市，居然也聘请了两位"中国通"去中国招商引资，2010 年接待了 4 个中国代表团，还建立了一个"中国服务台"，回答中国潜在投资者的提问。结果中国汽车零部件生产商万向集团（Wanxiang Group Corp.）子公司万向美国公司（Wanxiang America Corp.）提出要在罗克福德建一座太阳能电池板组装工厂。市行政官瑞恩（Jim Ryan）表示，因为预计万向起先只招聘 60 人，最后会增加到 200 人，投资总额为 1250 万美元，所以罗克福德市和伊利诺伊州政府将提供 500 万美元的优惠。

这一切的一切都在向我们表明，美国人已经为中国的中小企业做好了一切准备，只等我们去登陆。

美国制造　中国拥有

相对于中国国内的农民工，美国工人的文化程度相对更高、技术更成熟。美国的工厂大多具有先进的生产设备和完备的管理制度。这些都是国内一些劳动密集型工厂所无法比拟的。对于一些生产高科技含量产品的中国企业而言，在美国制造产品，要比在国内制造划算得多。

美国看似高昂的人力资源成本，在经济危机后的第二次工业化进程中，已经变得相对较低，而且物超所值了——要知道，在国内的用工荒大潮中，普通工人难找，技术工人更少，要想将文化程度普遍偏低的普通工人培训为技术工人，几乎难上加难。在经济危机中，经历了失业遭遇的美国工人，更愿意珍惜来之不易的就业机会。曾经一度失业的美国工人，24 岁的工厂技工萨姆·马森吉尔（Sam Marcengill）在远大集团收购的钻头厂工作。2010 年他已在家赋闲 6 个月，现在他正在加班，每周工作 48 个小时。"现在工作稳定多了，也好多了。我自己的生活也好多了，这很棒。"萨姆看上去对新工作很满意，也非常敬业，有这样的工人，多花一点钱又算得了什么呢？

2009 年 6 月，中国大连的远东集团（Top-Eastern Group）从美国最大的机械工具制造商之一——肯纳金属集团（Kennametal）手中收购了位于南卡罗来纳州塞尼卡的钻头工厂。远东创始人齐树民没有从中国国内派人，相反，他聘请了美国经理负责管理。在他看来，"这里已经拥有经验丰富的人才，技术条件也都具备"。

现在，远东集团这个设在美国的钻头厂，使用的工具是正经的美国造。虽然生产成本比在中国要高一些，但"美国制造"的招牌为他赢得了更多的订单，他的客户只认可"美国制造"。很多手握政府合同的客户都要求产品必须是"美国制造"。尽管这些客户不知道，这所谓的"美国制造"，其实是在美国制造的"中国制造"，仅此而已。

而在南卡罗来纳州斯巴达堡市郊区的美国运城凹版印刷机滚筒厂

（American Yuncheng Gravure Cylinder Plant），也是一家中国企业。运城公司的劳动力价格很高——熟练工人每小时工资为25—30美元，流水线操作工的工资为每小时10—12美元之间。这在中国是不可想象的，简直高得离谱——中国国内的一名非熟练工人，干同样的工作，每小时只需要2美元。

但是从另一方面而言，运城公司却获得了当地政府相当多的政策扶持：可从州政府获得每名工人1500美元的所得税优惠（如能提供十人以上就业机会，均可享受这一优惠）；以35万美元的低价，在斯巴达堡市买下的用作修建厂房的6.5英亩土地，价格只相当于上海或东莞的1/4；正如之前我提到的：在中国，高峰用电每度电14美分，但运城公司在南卡罗来纳州却只需要4美分，而且还不会遇到中国常见的拉闸限电。

从运城公司的登陆美国，我们可以看到，即使是产品科技含量不高的中小企业，只要选对了登陆地点，在充分享受到当地政府的政策扶持后，依然可以很好地生存发展。由美国制造的中国制造，信誉更好，质量更好，利润空间也相对中国的本土制造更高。在美国制造产品，是中国中小企业在用工荒时代和后经济危机时代要抓住的绝佳机会！

如何登陆美国

中国企业进入美国第一步应该先设联络处。联络处主要作用是进行美国市场调查,向国内提供有价值的信息,以及代表国内企业联系美国客户这三项工作。

美国有不少专业服务公司可以承担完成上面工作,但从沟通方便与节省开支方面考虑,也可以考虑请在海外有分支机构的国内的咨询公司负责。中国企业在美国的联络处可以在其企业网站、产品样本以及公司信纸与名片上标注。这既方便美国客户联络,对企业的国际化形象也有正面作用。

办事处是相对于联络处功能的提升。当企业认为美国联络处的工作基本完成以后就可升格为办事处。这是企业在美国的窗口,是开拓对美商务的必需。它除有联络处的功能之外,还可以代表中国国内企业开展各种业务,承担以下的主要工作,如样本广告发放、样品展示、参加商展、谈判合作、承接订单、接待国内企业访美、安排美国客户访华。

在美国设公司,对中国企业是海外分公司或子公司,在美国则是独立的法人。在美国设公司一般可以委托会计师或律师办理,手续较简单,只要提供拟注册的公司名称(为避免与已注册的公司重名,一般设三个候选名称),公司地址,以及注册人的社会安全号码就可以了。美国政府既不审核公司注册资本,对经营范围、公司名称也很少限制,公司名称使用美国、国际或全球某某公司均可,这些与中国注册公司有所不同。美国政府最关心的是新企业可以雇用员工以增加就业,以及企业纳税可增加政府财政收入,所以美国政府积极鼓励民间成立公司,尽量提供各种方便与帮助。至于公司经营中的税务、劳工等问题都有具体的法规及管理服务机构。

美国地域广阔,中国企业进入美国在什么地方落脚为好?就像美国人只知道中国的北京、上海一样,初到美国的中国人对美国的城市,了解也很有限。作为中国企业进入美国的选择地,应该先考虑比较大的工商城市,但其中一般不包括华盛顿。尽管华盛顿是美国的首都,是美国政治与文化中心,但其工商业在美国的地位却很低。

美国的大工商城市通常具有以下特点:大多近洋、沿海,邻河;邻近自然资源所在地,如水力、煤、铁、石油、天然气;有众多著名的大学与科研机构;人口多,集中了其所在州较大比例的人口,而且移民比重很大。美国一些工商城市往往并非是其所在州的州府,这一点很重要。

选择美国的大工商城市,首先要考虑的一点是交通是否方便,比如是否有直飞到中国的国际航班、是否处于美国主要铁路和公路线上、从港口进出货物是否便利、仓储物流条件等。其次这些城市商业与社交活动是否丰富,一个展会及文化活动较多的城市往往会给你带来更多的资讯和商机。另外,在这些城市里,华人社区要初具规模,这样生活会相对方便些。

在美国的大工商城市比如芝加哥、底特律等设立机构,因其生活消费水平较高,尤其是办公与居住方面的开支较大,这可能是一些国内的中小企业所无法承受的。所以,提醒大家,在美国一些交通便利、生活消费水平不高的新兴城市落地也许是个不错的选择。这些中小城市靠近大工商城市,有着便捷的交通、完善的行业基础设施,生活及办公的消费水平却比较低。在那里,当地政府对于外资企业的政策可能更加宽松一些,更适合国内的中小企业到美国发展。

第六章

中国制造升级记
——创投美利坚

柳传志:中资企业看好在美投资前景

华尔街日报 2011 年 1 月 28 日

中国联想集团有限公司董事局主席柳传志预测,由于中资企业和中国主权财富基金在全球最大的经济体美国寻找机会,它们在美投资将会增大,尽管美国最近陷入诸多麻烦。

柳传志在达沃斯世界经济论坛接受采访时说,在上周中国国家主席胡锦涛对美国进行国事访问期间,在一次会谈中,中国企业领导人和美国总统奥巴马讨论了增大中国在美投资的前景。他说,尤其值得一提的是,奥巴马和中投公司董事长楼继伟探讨了中国在美国基础设施项目上进行投资。中投公司是中国主权财富基金,拥有 3000 亿美元资产。

柳传志说他本人也参加了奥巴马与中国企业领导人的会议。他是中国最受尊敬的企业领导人之一。他说,如果对双方都是补充,都有好处,为什么不这样做呢?他说,中投公司董事长楼继伟对奥巴马说,他有兴趣探索这个机会。

有关在美投资的会谈正值资金潮朝相反方向流动之际——从美国等发达国家流入中国等新兴经济体,原因是各企业纷纷追逐更高的增长率。不过,柳传志说,中资企业继续看到在美国投资的机会,因为这可以满足中资企业海外扩张的需要,同时促进美国留住就业岗位的目标。

柳传志说,当这些中资企业走出去的时候,它们是出于业务需要。他说,我把这叫做中国企业的进化。柳传志是全球销量第四大的电脑公司联想集团的创始人之一,同时也是联想集团母公司联想控股有限公司的董事长。

联想集团于 2005 年收购了国际商业机器公司 (International Business Machines Corp.)旗下的个人电脑业务,为中资企业投资美国树立了里程碑。柳传志说,联想集团在美员工约有 2000 人。他说,联想控股正在考虑对一家美国医疗仪器公司和在酒店餐饮业进行收购,以满足如潮的中国游客的住宿需求。

联想控股是由中国政府部分持有的投资企业集团。除去在联想集团拥有控股权(40%以上的股权)之外,该公司还拥有房地产、私募股权和其他持股。

中投公司发言人拒绝就楼继伟上周在与奥巴马会谈时的言论置评。不过,中投公司过去进行过基础设施项目的投资。2010年3月,该公司达成了一项斥资15.8亿美元收购美国主要发电及输电企业AES Corp.15%股权的交易。

2010年秋天,中投公司一名高管说,公司有兴趣为美国基础设施项目融资,但并非作为任何形式的所有者,而是被动投资者。中投公司资产配置部门负责人周元2010年10月在纽约参加会议时说,我们提倡的是,美国政府启动一个项目,以公共或私募股权合作的形式向基础设施投资大规模资金。他说,相对于美联储的量化宽松政策,高压输电线路等基础设施项目将有助于为美国创造更多的就业机会。

谈到个人计算机业务,柳传志说,他看好联想在新兴市场和美国的市场份额增长前景。例如在俄罗斯和印度,利用在国内向低收入消费者销售电脑的经验,联想已经在这两个国家实现了增长。据研究公司国际数据公司(IDC)统计,联想2010年第三季度在俄罗斯交运的个人电脑占据8.3%的市场份额,较2008年同期的1.4%大幅上升。联想目前是俄罗斯第五大个人电脑供应商,之前排在第14位。联想在印度的市场份额已经从2008年底的不足7%涨到9%。

据IDC统计,在美国,联想是增速最快的供应商,2010年第三季度的市场份额为5.6%。柳传志说,我们日渐在全球各地赢利;我们现在更像是一个全球化公司。他还说,他现在将提升市场份额置于利润之上。

柳传志说,他对未来最大的一个担忧是,部分美国议员试图推动国会将"Think"品牌定为中国品牌,这将令该品牌无法获得美国政府的采购合约。他说,他们喜欢将这种问题政治化,但联想确实是全球性公司。他还说,联想在中国和美国都设有总部,并且公司的董事会也是全球化的。

他还预测中国的工资水平将进一步提高,并说他并不特别担心通货膨胀问题,因为中国需要让更多的人从经济发展中获得好处,不断提高人们的购买力。他指出,联想新厂的地点没有选沿海地区,而是定在西南部的成都,因为那里更容易雇到工人。

胡锦涛访问华盛顿期间与奥巴马共同会见了美中企业高管并发表会前讲话,两人都热情地谈到了中国在美国的投资。

奥巴马说,今天与会的有一部分中国商界领袖,我知道他们已经在美国开展业务,他们在美国投资,在美国成立合资企业,帮助美国发展经济;我知道,他

们很想找到在美国扩大业务的方式。

胡锦涛也发表了相似的看法。

他说,我也有个信息要传达给中国企业家,那就是,中国政府会一如既往地支持你们在美国投资和做生意;我坚信,奥巴马总统和美国政府会为中国企业在这里投资提供一个公平的竞争环境。

将非常"6+1"收入囊中
——中国制造的升级之路

创投美国,听起来有些耸人听闻,可是在金融危机的风暴席卷全球、全球经济回暖乏力的今天,这并非痴人说梦。中国制造有先进的制造技术,低廉的制造成本,有坚挺的人民币,但缺乏成熟的品牌和研发团队;而美国的很多公司拥有成熟的品牌和研发团队,仅仅因为金融危机袭来,苦于没有资本介入,甚至走向了破产的窘境。我们的中国制造为什么不能借此机会,走出中国,登陆美国,以并购为手段,实现真正的升级呢?

在之前的章节中,我曾经提出一个观点:中国制造所谓的产业升级不是真正的升级。因为中国制造尚处在产业链条的最低端,从事利润最少的加工制造业。在思想依旧处在封闭状态的中国人看来,所谓的产业升级可能是中国制造生存下去的唯一出路。在他们看来,要生存就得工作,要保住工作只能不断地加班、提高劳动技能,尽管赚得越来越少,可尚能保证温饱。可是为什么我们只能处在产业链的下游呢?难道中国制造注定是外国资本的生产线?跳出中国,用全球的视野看问题,其实只要走出中国,中国制造是可以真正升级的。从产业链的最低端走向最高端,当中国资本掌控一切的时候,我们将会发现,其实我们可以做得更好。

郎咸平教授在他著名的"6+1"经济理论中,也提出了"产业链战争"的学说:"谁是制造业大国?是美国而非中国,为什么?因为从2005年开始,整个世界已经进入了'产业链战争'的时代。"郎咸平在论坛上语出惊人。他认为"产业链战争"就是在整条产业链上,美国把价值最低的制造业一端(即"1")放在了中国。价值最低的制造业浪费资源,破坏环境。因此,美国人把它全放在中国,而产品设计、原料采购、仓储运输、订单处理、批发经营和终端零售等六块非制造业

(即"6")都掌控在自己的手里。"6"是"软"的生产环节,"1"是"硬"的生产环节。在这样一种"6+1"产业链的定位下,中国就沦落在了价值的最低端。

郎咸平教授以芭比娃娃为例:芭比娃娃在美国沃尔玛的零售价近 9.99 美元,在这个产业链里,我们只能创造 1 美元的价值,而且还给自身带来了难以避免的环境污染和资源浪费。但美国人通过"6",获得了 9 倍的价值,而且这 9 倍的价值没有污染、没有浪费。也就是说,我们创造 1 万元的价值,就为美国创造 9 万元的价值;我们创造 100 万元的价值,美国人就会获得 900 万元的价值。所以我们越勤劳、越制造,美国人就会越富裕。也正因为这种产业链的错误定位,美国维护了绿地和美好家园,而我们中国则遭到了污染和浪费。针对现在被常常提及的产业升级问题,郎咸平认为如果只在"6+1"中的"1"上做文章,而不进入"6+1"中的"6",那所谓的产业升级只能加重这种不平衡。

这些都与我的想法不谋而合,在郎咸平教授看来,在国内闷头升级制造业是没有出路的。而产品设计、原料采购、仓储运输、订单处理、批发经营和终端零售这些"软环节",并不是在短时间内中国制造可以搞定的。中国人用太长的时间去钻研制造技术,去想方设法压低成本打压自己的中国同行,却很少有精力顾及这些软件建设。

正因为如此,中国制造处于一个尴尬的境地:从大的角度而言,全世界都知道中国是世界工厂,大多数产品都是中国制造,可是却少有中国品牌成为世界名牌。美国《商业周刊》杂志从 2006 年开始,连续四年发布全球最佳品牌排行榜,但拥有 170 万个国内品牌的中国却没有一个品牌上榜。世界名牌产品和优秀企业是国家经济竞争力的重要标志,也是一个国家经济运行质量高低的综合反映。而今,作为"世界工厂"的中国,太需要自己的品牌来证明自己,如果没有一个或者多个世界品牌,中国制造怎不黯然失色?关于中国品牌的现状,《华盛顿邮报》也曾做过报道:

后"中国制造"时代:怎样追求名牌创新(部分)

《华盛顿邮报》John Pomfret

日本有索尼,墨西哥有科罗娜,德国有宝马,韩国有三星,中国有……
你不是唯一一个被问倒的人。而对中国来说,这是一个大麻烦。

2010年，中国取代德国成为世界第二大出口国，并有望在今年超越日本成为世界第二大经济体。随着中国的国际戏码不断加重，缺乏全球性的知名品牌却威胁着中国的强国之梦。没有强大的代表性招牌，意味着中国只能做从事繁重劳动的世界工厂，巨额利润却被海外的设计师和工程师获得。举个例子，苹果公司有大批iPhone在中国制造，但如果一款高端手机售价750美元，中国能拿到25美元已属幸运。一双耐克鞋的利润就只有4美分。

"我们把大笔利润拱手让人，就因为他们拥有品牌，而我们没有"中国产业海外发展和规划协会秘书长范春永表示，"我们为意大利、法国和德国的品牌生产服装，所以得不到利润……我们亟须创造自己的品牌。"

由于中国公司缺乏成功的创新，依赖加工组装外国的创意产品，加剧了这一问题。创新失败意味着中国要向国外支付大笔专利费和许可费。

中国政府已经投入数万亿美元以打造品牌，鼓励创新，保护国内市场免于外来统治。通过实施减税和补贴等措施，中国倡导"走出去"战略，支持国内企业进行海外并购，购买自然资源或拓展海外进军。在国内，中国政府实施"自主创新"计划，鼓励中国公司制造高科技产品。

中国也开始重塑中国形象。2010年年底，商务部与全球广告巨头DDB签约合作，投入30万美元的广告费用，展示了从顶级跑鞋到iPod等一系列高科技产品，广告词则是："它们标有'中国制造'，真正含义则是'中国制造，全球参与'。"

是否孤岛？

几个月来，西方媒体大肆渲染中国"走出去"战略以及"中国买世界"的故事——石油、天然气、汽车，甚至在美国投资。2000年，中国斥资280亿美元进行海外投资，今年可能突破2000亿美元。

但是有这样一种观点：即使中国的全部海外直接投资达到2000亿美元，在新加坡、俄罗斯、巴西等较小经济体面前依旧相形见绌。而且中国在富裕国家的投资仅为170亿美元，相当于一家世界500强中游企业的海外资产。

跻身世界500强的34家中国企业基本上都只在中国本土运营。尽管全球最大的三家银行都在中国，但倘若按照地理分布的广度进行排名，却无一能进入世界前50名。

德勤中国研究与洞察力中心总监杜志豪(Kenneth J. DeWoskin)表示："再过10年，如果中国企业依然故步自封，将很难看到其有多大作为。"

中国试图与外国专利权与知识产权"束缚"抗争，但收效甚微。

中国欧盟商会（European Union Chamber of Commerce）前主席、在中国做了25年生意的乔格·伍特克（Joerg Wuttke）表示："中国的大学投入与产品产出之间有巨大脱节。"

中国在创建国际化企业方面也面临着巨大挑战。一项针对中国高管的研究表明，他们把更多时间花在政府官员身上——在国内获取利润的关键，而不是花在客户身上——赢得国际成功的关键。

另外，因为中国制造并不能控制"6＋1"中的"6"，所以很多实际上已经成为中国产品的国际知名品牌产品，在刻意地去中国化。唐娜·托马斯是美国《新闻周刊》常驻巴黎的文化及时尚记者，她在《奢侈如何失去光泽》一书中有这样一段描述，足以说明世界名牌和中国制造之间的微妙关系：

许多名牌产品加工生产实际是在中国（大都不生产多种款式，反而是同一款式的不同颜色与材质），却拼命掩盖这一事实。少数包标志有"中国制造"，但藏得很好，比如在内袋底层的缝合处，或者印在邮票大小的商标皮革反面，需要用放大镜才能看到。有的"中国制造"的标志是贴在袋子外的贴纸上，货物运到意大利后就会被撕掉。另有一家除了手把，整个包都在中国制造，制成后补上贴有"意大利制造"的手把。还有的在中国制造鞋面——最耗费劳力的过程，再送至意大利粘上鞋底。这些产品都带有"意大利制造"的标志，只有极少数品牌主动承认产自中国。

在书中，唐娜·托马斯讲述了她在中国东莞参观一家代工工厂的经历，她以保密为条件被允许进入，亲眼看到工人们在缝纫某品牌的手提包，而该品牌始终声称其所有商品均为意大利手工制造。她没有点出品牌的名称，而那只在流水线上生产的手提包成本大约为120美元，随后它在香港地区一家百货商店里飙升至成本价的10倍。而一只包的真品与假货的区别仅仅是两道砸线还是三道砸线。

既然中国制造的实际制造水平已经有了相当的水准，与国际品牌只有一个标签的差别，中国制造为什么不能利用金融危机的大好时机，收购国际名牌，利用他们成熟的品牌、研发团队和销售网络，达到控制"6＋1"的全部，进行升级的目的呢？实际上，已经有很多中国制造付诸行动，并且成功实现了并购和升级。吉利收购沃尔沃，创造了中国低端制造收购国际高端品牌的奇迹，这也是中国制造在后金融危机时代的大背景下需要思考和实践的命题。

升级实例　吉利收购沃尔沃

质优价廉是吉利的短板

吉利是中国的民营汽车品牌。吉利的发展和壮大,与它的创立者李书福的人生一样,都充满了传奇。谁能想到,如今这个中国汽车行业的十强企业,起步于一个用造摩托车的技术造汽车的疯狂想法;谁又能想到,李书福这个从前的电冰箱厂厂长,如今已是中国汽车制造业中的领军人物?吉利和李书福的发展史,几乎是中国民营资本和中国制造发展的缩影。

1999 年,摩托车生意红火的李书福有了一个惊人的决定——"造汽车"。他眼中的汽车很简单,简单的令人咋舌——"轿车是什么?不就是四个轮子,两张沙发,一个铁壳。"无知无畏的李书福就这样成了"民企造车第一人"。

早期吉利的理念是造老百姓买得起的好车。李书福在接受一家媒体记者采访时曾说,吉利就是要"造老百姓买得起的好车,让吉利汽车走遍全世界"。这既是吉利看准国内汽车市场缺乏低端汽车的精明之处,也是吉利这样无论技术和资金都不占优势的民营企业的无奈之举。不单单是吉利,大多数的中国制造生存状态无非如此。这种不顾一切、只图发展扩张的理念,在发展初期可能会为中国制造的生存带来生机,但如果一味这样下去,不着眼高端市场,不着眼品牌建设与自主研发能力,中国制造终究会拜倒在国际名牌脚下,或者被自己低端发展的中国同行活活挤垮。

当人们都为吉利用质优价廉的简化版汽车征服中国家用轿车市场啧啧称奇的时候,却没意识到,这种在低端市场扩张的胜利,在前期是补药,在后期可能会成为毒药。便宜的吉利在经历了几年的价格优势战后,面临了新的尴尬:不少人第一辆车买了吉利,第二辆就不会再买了。在这个日益追究品质的年代,"低端"是吉利埋下的祸根。

显然,李书福已经意识到了,他也开始努力地模仿,努力地改造,努力地摆脱"低端形象",努力地靠向"贵族血统"。

可消费者对吉利推出的新车和技术仍然不太买账,吉利还是被国人瞧不起。到目前为止,吉利的高端也还满是"山寨"和不伦不类的感觉。最明显的算是它的"小劳斯莱斯"——高档豪华轿车 G E。尽管车的局部有中式的拉花设计,但是从外形上看,其与劳斯莱斯幻影有着惊人的相似,车外后视镜带转向灯、镀铬轮毂、立柱尾灯等也都有着劳斯莱斯的风格,就连车标吉利也没放过。有消费者评论说,"同是天使造型,人家劳斯莱斯的天使是深沉、绅士的弯着腰,是低调的奢华;而吉利的却是昂首挺胸的,个性张扬"。

消费者的这种看法,尽管有些歧视的味道,但从另一个侧面也说明了吉利在成长为中国汽车制造业的领军企业后,无法摆脱品牌上的尴尬和技术上的瓶颈。一个以低端定位起家,以低端技术扩充市场的品牌,怎么能够让消费者相信它一样能够做好高端品牌呢?顶着"中国制造"帽子的吉利,终于尝到了"质优价廉"的苦果。

传说,有一回李书福与同事喝酒后号啕大哭,说:"我一不偷、二不抢,每天从早晨 6 点半工作到晚上 11 点,辛辛苦苦办企业,为什么别人总嘲笑我?"是啊,为什么呢?因为中国制造一向不善于品牌的建立和经营,也缺乏研发实力,这是一种偏见,无法在短时间内解释得清。尽管李书福用尽全力让吉利摆脱掉低端品牌的印象,但是一个品牌的建立和发展并非一朝一夕可以完成的。让吉利成为高端品牌,并让消费者接受,也并不是四个轮子、两张沙发、一个铁壳凑在一起就能够实现的,这需要一代人甚至几代人的商业信誉和技术积累作保证。创造了中国民营汽车企业扩张奇迹的李书福,也不得不在品牌建设上承认自己的失败,也不得不无奈地号啕大哭。这不是李书福一个人的无奈,也是千千万万中国制造业老总的无奈,他们创造着世界制造业与制造史上最伟大的奇迹,却难以获得消费者的认同。千千万万个李书福是应该冷静下来想想,中国制造的品牌之路将何去何从。

天之骄子沃尔沃

"沃尔沃"是瑞典著名汽车品牌,又译为富豪,1924 年由阿萨尔·加布里尔松和古斯塔夫·拉尔松创建,该品牌汽车是目前世界上最安全的汽车。沃尔沃公司生产的沃尔沃轿车,处处体现出北欧人那高贵的品质,给人以朴实无华和富有棱角的印象,尽管"沃尔沃"充满了高科技,但仍不失北欧人的冷峻。"沃尔沃"那典雅端庄的传统风格与现代流线型造型糅合在一起,创造出一种独特的时髦。卓越的性能、独特的设计、安全舒适的沃尔沃轿车,为车主提供一个充满温馨的可以移动的家。沃尔沃汽车公司是北欧最大的汽车企业,也是瑞典最大的工业企业集团,世界二十大汽车公司之一。

早在 20 世纪 80 年代初期,沃尔沃汽车公司就向中国销售了上百辆沃尔沃240 型轿车,这些轿车以其高度的安全性能和高品质赢得了广泛的赞誉。为了能为更多的中国消费者提供性能卓越的汽车产品和优质的售后服务,沃尔沃(volvo)汽车公司于 1994 年 1 月 24 日在北京成立了办事处。2004 年底,沃尔沃汽车公司又成立了上海办事处。

目前在中国销售的沃尔沃车型包括 5 个车系,超过 15 个车款。2007 年沃尔沃汽车在中国的销量约 1.25 万辆,实现了超过 73%的增长。沃尔沃汽车在中国已连续 3 年保持 50%以上的增长率,在全球增长最快的市场中排名第二。

自 2006 年 7 月开始,沃尔沃汽车与中国的合作伙伴长安福特马自达汽车公司一起开始在重庆进行 S40 的生产。国产 S40 已经成为沃尔沃汽车在中国市场的主要产品,占总销量的一半以上,是推动增长的主要力量。在此基础上,2009 年,沃尔沃汽车将在中国实现 S80 的国产,为中国消费者带来更多的豪华车选择。

总体看来,沃尔沃作为高端品牌,不但在世界上享有盛名,在中国也有一定的美誉度。中国人往往将沃尔沃和诺基亚相提并论,认为这两个来自北欧的品牌,虽然一个是汽车,一个是手机,却都是坚固、安全、优质的代名词。如果不是遭遇了全球范围的金融风暴,沃尔沃在通用旗下,可能依然会发展得很好。不过这一切都是如果。早在 2001 年的某个汽车高峰论坛上,李书福就曾大谈通用、福特一定会关门大吉的观点。他说,"未来的 10 年或 20 年,通用一定会破产,不是它经营得不好,而是全球经济的发展规律决定了美国将成为汽车行业的沙漠。"当时,台下坐着的通用、福特代表面有愠色,有的甚至愤而离去。谁料想,七年后李书福的预言成真,在全球汽车业中目空一切的通用轰然倒地,一代天之骄子沃尔沃沦落到被出售的尴尬境地。

李书福如果仅仅是当年那个造冰箱、造摩托的李书福,那么吉利也不会成为今天的吉利。收购沃尔沃这样的想法,看似狂妄,在金融危机爆发的大背景下,却不是不可能的。吉利成功收购沃尔沃的事实说明,中国制造是可以通过并购海外企业进行升级的。如果不是美国经济在金融危机中栽了跟头,通用破产,这一切的确是不可能的,起码不是中国的民营企业可以做到的。

吉利如成功收购沃尔沃后,既可以维持沃尔沃的高端品牌形象,在利用沃尔沃技术的同时还能提升吉利品牌的定位,使其不断脱离低端形象。利用细分的吉利、华普、帝豪、全球鹰、上海英伦、沃尔沃来划分不同的市场,沃尔沃主打中高端,吉利中低端,此种品牌战略正是吉利在高端发展过程中遇到瓶颈之后的最佳选择。

吉利收购沃尔沃,不单单是一种魄力的体现,也是中国制造升级的必由之路,除此之外,别无他法。如今美国经济回暖艰难,尚有一大批优质企业在挣扎,这对于中国制造而言,不正是升级的好时机吗?

升级后,吉利明天更美好

吉利以18亿美元正式收购沃尔沃100%股权,这意味着什么呢?吉利不但获得了沃尔沃的品牌,还全盘接收了沃尔沃的现有汽车产品、研发平台以及全球营销网络,具体包括:

实体资产。整车厂、零部件厂、研发中心和仓储中心的厂房、生产设备、试验及测试、办公等设备设施、工装模具、存货及其他相关资产。其中涵盖9个系列产品,3个产品平台,4个整车厂56.8万辆的产能,一个发动机公司,一个拥有40%股权的生产变速箱、悬架及底盘附件的零部件公司。

除了产品系列,吉利收购沃尔沃的还包括完备的经销商团队和供应商体系。经过多年的积累,沃尔沃拥有分布在全球100多个国家的2500家经销商,其中60%和30%的经销商都分布在欧洲和北美市场。

无形资产。沃尔沃自有知识产权的商标、专利及注册等2450项;福特公司无偿转让给沃尔沃公司的发动机、平台、模具等技术专利及有关权利1500项,100多个网址和200多个设计专利;福特无偿提供广泛许可给沃尔沃公司的发动机技术45项,安全技术20项,沃尔沃专门使用技术40项及其他专利;福特无偿提供有限许可给沃尔沃公司的混合动力技术专利230项,及其他沃尔沃公司完成生产及未来发展计划所需要的技术。

吉利在收购沃尔沃的同时,还成功收购了澳大利亚自动变速器公司。这家公司的名字叫 DSI,DSI 是 Drivetrain Systems International 的缩写。DSI 自动变速器公司是一家集研发、制造、销售为一体的自动变速器专业公司,是全球仅有的两家独立于汽车整车企业之外的自动变速器公司之一, 占地面积 30 万平方米,工厂面积 3.6 万平方米;研究院面积 3000 平方米。具有年产 18 万台自动变速器的生产能力;该公司已有 80 多年历史,拥有雄厚的技术积累和产业经验。世界著名自动变速器零部件公司博格华纳曾经全资拥有过该公司 30 年。DSI 公司有一批世界级的优秀工程师,其产品覆盖了四速和六速前后驱动及全驱动大扭矩自动变速器,为福特、克莱斯勒及韩国双龙等世界著名汽车公司配套,目前正在研发世界先进水平的八速前后驱动自动变速器、DCT 双离合变速器及 CVT 无级变速器。

吉利汽车成功收购 DSI 自动变速器公司后, 将给 DSI 提供一套适合全球发展的新战略。首先恢复对福特的供货,然后把 DSI 的产品和技术引入中国汽车行业,向中国汽车企业提供世界先进的自动变速器产品;同时为 DSI 在中国寻求低成本采购零部件的途径, 并为 DSI 的新产品研发提供资金支持,确保 DSI 公司在国际市场上的领先地位。

通过收购 DSI,吉利在原有小扭矩自动变速器的自主知识产权的基础上,进一步丰富了产品线,强化了吉利自动变速器的研发与生产能力。

同时拥有了沃尔沃与 DSI 的吉利,已经做好了起飞的一切准备,从这一刻起,吉利将不再是中国低端汽车制造商,它将成为进军全球的超大型汽车制造商。"世界级的品牌+世界级的技术+中国迅猛增长的汽车市场",吉利的未来无可限量。

并购余波

吉利收购沃尔沃,是一个不平凡的例子。其成功不在于吉利获得了沃尔沃 100%股权,全盘接收了沃尔沃的有形资产与无形资产。吉利的成功在于它不但收购了沃尔沃,还成功地消化了沃尔沃的资产,让沃尔沃真正实现赢利,而不是成为吉利的包袱。正因为如此,吉利收购沃尔沃的案例才值得我如此关注。

2010 年,沃尔沃产销两旺,全球销售 37.4 万辆汽车,比上年增长 11.2%,而更令李书福振奋的则是沃尔沃实现了全年赢利。3.2 亿美元的赢利,这样的财务

表现,简直可以说是太出色了,它既出乎众多业界人士的预料,也让买回沃尔沃后一度心里没底的李书福大喜过望。

沃尔沃赢利,让李书福大大松了一口气,吉利最终取得了这场收购的成功——不但让沃尔沃活下来,还让沃尔沃成为赢利的工具,只有这样,才能接下来谈接收沃尔沃品牌与技术的问题。对此,有些媒体用"李书福捡到宝"来形容这次赢利,有的说是李书福运气好,赶上了世界金融危机后的复兴浪潮。可谁又真正想过,这难道不正体现了李书福可以消化吸收沃尔沃的企业文化,并为己所用的高明之处吗?

沃尔沃曾经是世界上三大豪华汽车品牌之一,现在国人都知道豪华车有奔驰、宝马、奥迪,殊不知之前世界最著名的豪华车三大品牌是奔驰、宝马、沃尔沃。世界汽车行业有众多革新和发明,是由沃尔沃汽车公司奉献的:汽车安全车厢、三点式安全带、安全玻璃、三元催化器、安全气囊、ABS、儿童安全坐椅、城市安全系统……这些汽车上的通用技术都来自沃尔沃。

为何沃尔沃到了李书福的手上,就开始走上了赢利之路?看上去,似乎是世界金融危机结束后的复兴,实际上,真正的原因来自于李书福的"放任"政策。李书福接手后,对沃尔沃实施了比较松散的管理方式,让沃尔沃管理层自行决策。这让多年来潜力巨大却无法尽情发挥的沃尔沃管理层,挣脱了束缚,焕发出激情与活力,向新东家交了一份理想的答卷。

沃尔沃到手后,李书福就开始思考这样的问题:沃尔沃在福特旗下连年亏损,在吉利的旗下,是否依旧如此?中国资本是不是有能力驾驭国际品牌?而这半年多的实践证明,李书福或许不需要做太多,只要按部就班,找回那个本色的沃尔沃,自然也就成功了。

在此之前的中国企业,已经有不少收购国际知名企业的案例,可这些案例并非都如吉利收购沃尔沃般一帆风顺。下面,我将带领大家分析一下其中一个比较典型的例子,希望能给大家带来帮助。

拾宝不成，反成烫手山芋

TCL 的国际化之梦

其实李书福并不是第一个梦想并购国际品牌的中国企业家，早在 2004 年，TCL 的李东生就已经品尝到了并购成功的喜悦——尽管喜悦是那么短暂。

作为全球化的成熟标志，中国的企业和资本也开始出兵海外，与国际资本大鳄正面交锋，但在这一阶段的初始时期，中国企业都不可避免地付出了惨重的代价。

2004 年 1 月 29 日，李东生踏进了法国总统府。作为中国企业和资本出兵海外的排头兵，他难掩内心的兴奋。中国国家主席胡锦涛和法国总理拉法兰成为了这场中国资本并购海外企业的见证者。李东生和汤姆逊 CEO 达哈利签下了 TCL 与法国汤姆逊的合资项目。TCL 与汤姆逊成立的新合资公司将年销彩电 1800 万台，成为全球最大的彩电供应商，这意味着中国企业首次有实力重构主流产业的世界版图。

2003 年 11 月 4 日，TCL 与汤姆逊签署了彩电业务合并重组意向书，双方共同出资 4.7 亿欧元，组建新公司 TTE，TCL 占六成以上的股份，处于控股地位。新公司将双方的彩电及 DVD 业务合并在一起，彩电产能达到 1800 万台，目标是全球彩电老大之位。2004 年 8 月 1 日，TTE 公司正式在香港注册，公司运营总部设在深圳，李东生出任新公司董事长，公司首席执行官则由 TCL 集团副总裁赵忠尧担任。新公司拥有员工 29000 余人，2003 年全年彩电共销售 1850 万台，居全球第一位。合并后净产值超过 4 亿欧元，也居全球第一，其在全球有 10 个工厂，5 个研发中心。

一时间国人惊呼，中国资本居然可以收购国际知名品牌，这在过去简直是不可想象的。李东生携并购成功的东风，不但放出豪言，声称新成立的 TTE 公司要在 18 个月内实现赢利,还收购了阿尔卡特公司。尽管阿尔卡特手机也在走下坡路,一年亏损 8000 万欧元,再算上之前收购的汤姆逊彩电的亏损,这两家公司一年的亏损额加起来高达 20 多亿元,而 TCL 在 2003 年时,净利润也不过 4 亿多元。这是一个极为冒险的举动。

让我们把时间点再往前推。TCL 第一次尝试走出国门是 1998 年。前一年的金融危机让 TCL 出口导向型模式受到了极大的挑战,1998 年它在越南设立了第一家海外分公司。在经历了 18 个月的亏损后,越南市场开始赢利。从长期战略来看,这不能满足李东生的雄心。2003 年,TCL 大举迈向海外市场,于是便有了并购法国汤姆逊,组建合资的 TTE 公司;收购法国阿尔卡特,组建 TCL 阿尔卡特移动电话有限公司等一系列举措。

这两宗大手笔的并购是 TCL 迈向国际化的重要一步,是它实现"龙虎计划"的奠基之笔。"龙虎计划"的远景蓝图是,在未来数年之内多媒体显示终端与移动信息终端两大业务要进入全球前 5 名,在家用电器、信息和电工照明三大业务领域形成国内领先优势。

TCL 对两大海外企业的并购在当年曾掀起狂澜。英国《金融时报》评价说,"尽管 TCL 在海外鲜为人知,但它并不隐藏自己在全球扩张的雄心"。

我认为,尽管李东生和李书福一样具有雄心壮志,甚至当时的 TCL 境遇要比吉利更好,但 TCL 的国际化之梦却惨淡收场。这其中,尽管有很多国际与国内因素的影响,可更值得我们深思和关注的,却是 TCL 在国际化过程中忽视了文化与交流上的不通畅。

赢了天下　难稳人心

我听说李东生非常崇拜曾国藩,而他的 TCL 团队多少有些湘军的影子。敢打敢拼、军事化管理,这样的 TCL 能够在国内杀出一条血路,可在法国人面前却撞了个头破血流。在两种文化的较量中,仓促上阵的 TCL 显然不是法国人的对手。

TCL 和阿尔卡特的合资公司 T&A 在成立之后就有严重的文化冲突和体制冲突。首先是文化观念上的冲突,阿尔卡特强调人性化管理,员工在一种宽松而备受尊敬的环境中工作。而 TCL 的管理方式近乎军事化,简单而粗糙,让原阿尔卡特员工无法适应。

其次是薪酬体系的差异,阿尔卡特采用稳定的薪酬,而 TCL 采用较低的工资加较高的提成的薪酬方式。TCL 同意对阿尔卡特员工采用原来的薪酬标准,结果又打击了中国员工的士气,两头不讨好。在那段时期,每到节假日,TCL 的员工们没有休假,被要求在市场上做促销工作,增加销量;而阿尔卡特的员工则关掉手机出门旅行,假照休、钱照拿,引得 TCL 的老员工怨声载道。

再有就是销售体系的差异,阿尔卡特主要通过经销商的渠道销售,销售人员要求素质高;而 TCL 实行终端销售,大量销售人员深入终端,人员素质也参差不齐。结果原阿尔卡特的管理、技术和销售人才纷纷离职,以致公司处于混乱和失控状态。由于是"蛇吞象"式的并购,TCL 的价值观和管理方式根本不被阿尔卡特的原职工接受。被收购后,阿尔卡特在中国研发中心的人都走光了。

如果说 T&A 是麻烦不断,那么 TTE 公司基本可以用半死不活来形容了。相比阿尔卡特,汤姆逊的法国员工显然更难对付。

TCL 在并购汤姆逊的初期,有一次李东升周五的时候赶到法国,准备在周六召开董事局会议。但等他赶到法国,连一个董事会的法方人员都找不到,手机也全部关机。因为在法国人的文化中周末就是休息的日子,工作永远不能打扰私生活。这就是文化的差异,这就是所谓的隔阂。

不久之后,TTE 又陷入了"招人招不到,裁人裁不了"的尴尬情形。一方面原因是彩电行业在欧美属于夕阳行业,这方面的人才很少,也很难招;另一方面是欧洲裁员十分复杂,除了提前 3 个月通知外,还要支付高额的赔偿金,如果裁员超过 10 人,赔偿数额要由资方与工会谈判决定。所以,TCL 在欧洲收购企业后,因为工会压力,企业整合迟迟到不了位。而在国内,这是根本不可能碰到的情形。

面对这种局面,TCL 不得不启用自己的高级管理人员。他们个个优秀,可是他们所有的经验都仅适用于中国,很难挑起拓展海外市场的担子。即使个别的 TCL 管理人员堪当重任,也无法与汤姆逊的人员沟通——法国人有语言上的优越感,不愿意说英文,TCL 又没有什么人会讲法语,双方的沟通非常困难,一个简单的事情开很长时间的会,往往也达不成共识。

TCL 曾设想把中国设计的模具与汤姆逊共享,以此节约模具设计的巨大成本开销。虽然按照这些模具生产的彩电在美国很畅销,但法国人却怎么也看不上这些模具。这是为什么呢?因为尽管 TCL 收购了汤姆逊,却没有在文化沟通与交流上做足工夫。他们不知道,法国人有一种近乎狂热的自尊,在他们眼里,中国人都是暴发户,中国的技术远不像人民币那样坚挺。

岂止是在收购后,其实早在收购前期,TCL 水土不服的症状就已经显现出来了。在收购汤姆逊之前,TCL 毫无海外并购的经验,只好聘请摩根斯坦利公司为投资顾问,波士顿公司为咨询顾问。而这些洋顾问的工作方式令李东生非常不适应。"与波士顿公司在沟通上存在问题,他们不会给出很清晰的意见,只是会分析做这个并购的机会是什么,风险在哪里,之后还要我自己做决定。"其实只提供客观材料,不替客户进行决策,是国外咨询公司普遍的作业方式。可在中国市场打拼多年的李东生,之前没有与国外咨询公司合作的经历,所以觉得格外地别扭。

我认为企业跨国并购过程中的跨文化整合是一项非常庞大的工程,遭遇一定的人事变动或许本属正常,然而 TCL 的整合是多"整"少"合",仅仅是把自己的企业文化整进来,把并购企业的文化给整出去。例如阿尔卡特手机并入 TCL 之后,一些主要职位多由 TCL 人员来担任。不尊重并购的企业,不了解并购的企业,让 TCL 的强势企业文化很难为被并购公司的员工所接受。只强调"大一统",一味以收购公司的企业文化为主体,忽视被并购企业员工的诉求,是 TCL 并购汤姆逊、阿尔卡特后消化不良,历经 4 年尚在恢复期的主要原因之一。相比较而言,李书福在收购沃尔沃之后,对沃尔沃实行无为而治,不失为一个好办法,这比 TCL 强势推行自己的企业文化要高明得多,这值得准备收购外国公司的中国资本认真考虑。

由此可见,中国资本无论是登陆美国、收购美国抑或是置业美国,了解当地的文化都是必不可少的,在以后的章节中,我将详细向读者介绍美国的风土人情,以及美国的法规制度。希望这些能够帮助读者避免犯下当年 TCL 在并购中犯下的错误。

黄粱一梦十年醒——并购不要学日本人

"日本的第 41 个县"

第二次世界大战以后,日本经济快速增长。到了 20 世纪 70 年代,日本经济进一步稳定发展。与此同时,欧美发达国家却由于政府长期过分干预经济、低效率的国有福利体系、石油危机等多种原因而陷入了经济停滞。当时世界范围内,日本经济可谓一枝独秀。日本制造的工业产品行销世界各地,所向披靡,美国几乎只有招架之功。底特律的汽车业损失尤其惨重。美国汽车工人们天天唠唠叨叨地把日本人挂在嘴边骂个没完。1985 年,日本取代美国成为世界上最大的债权国,日本制造的产品充斥全球。日本资本疯狂扩张的脚步,令美国人惊呼,"日本将和平占领美国"!

美国许多制造业大企业、国会议员开始坐不住了,他们纷纷游说美国政府,强烈要求当时的里根政府干预外汇市场,让美元贬值,以挽救日益萧条的美国制造业。许多经济学家也加入了游说政府改变强势美元立场的队伍。

1985 年 9 月,美国财政部长詹姆斯·贝克(James Addison Baker)、日本财长竹下登、联邦德国(西德)财长杰哈特·斯托登伯(Gerhard Stoltenberg)、法国财长皮埃尔·贝格伯(Pierre Beregovoy)、英国财长尼格尔·劳森(Nigel Lawson)这五个发达工业国家财政部长及五国中央银行行长在纽约广场饭店(Plaza Hotel)举行会议,达成五国政府联合干预外汇市场的协议,使美元对主要货币有秩序地下调,以解决美国巨额的贸易赤字。因协议在广场饭店签署,故该协议又被称为"广场协议"(Plaza Accord)。协议中规定日元与马克应大幅升值以挽回被过分高估的美元价格。"广场协议"签订后,五国联合干预外汇市场,各国开始抛售美元,继而形成市场投资者的抛售狂潮,导致美元持续大幅度贬值。

据说在广场会议上,当时的日本财长竹下登表示日本愿意协助美国采取入

市干预的手段压低美元汇价,甚至说"贬值20% OK"。

在这之后,以美国财政部长贝克为首的美国政府当局和以弗日德·伯格斯藤(Fred Bergsten,当时美国国际经济研究所所长)为代表的专家们不断地对美元进行口头干预,表明当时的美元汇率水平仍然偏高,还有下跌空间。在美国政府强硬态度的暗示下,美元对日元继续大幅度下跌。"广场协议"揭开了日元急速升值的序幕。

日元升值使得日本的出口受到直接冲击,但也造就了一大批日本富翁。原本在日本过小康日子的中产阶级只需要将日元换成大把的美元,就摇身一变成了金主。于是,在美国的夏威夷、纽约、洛杉矶,到处充斥着手持大把美元的日本人。而对美国感兴趣的并不仅仅是来度假观光的旅游者,还有盯紧美国资产的日本投资客。而这些投资客似乎有花不尽的钱,他们大量收购美国的企业资产,根本就不考虑价格问题,只要有报价,就签支票,那是一种日本式的张狂。"美国正在变成日本的第41个县"正是那个时期日本人典型的心态。

这种狂热的收购风潮在1989年达到顶峰。这一年,索尼公司购买了美国文化的象征之一——哥伦比亚影片公司。此前,三菱公司已经以14亿美元购买了更重要的美国国家象征——洛克菲勒中心。

在洛杉矶,日本人掌握了闹市区几乎一半的房地产;在夏威夷,96%以上的外国投资来自日本,并且主要集中在饭店、高级住宅等不动产方面。从1985年到1990年,日本企业总共进行了21起500亿日元以上的巨型海外并购案,其中有18起的并购对象是美国公司。到20世纪80年代末,全美国10%的不动产已成为日本人的囊中之物。

可是好景不长,20世纪80年代中后期开始,随着泡沫经济的破灭,日本陷入了长达10年的经济停滞,此即"失落的十年"(The Lost Decade)。从高速增长到长期停滞,日本的发展经历为那些雄心勃勃致力于经济起飞的新兴国家提供了一个不可多得的活教材。

为并购而并购,注定要失败

日本人当年狂热地收购美国资产,固然与美国有可靠的产权保护、有优良的经营环境、有完善的法律制度有关,可是其中更重要的原因却是日本人有些扭曲的自尊心。

收购美国资产,让日本人的自尊心得到了极大的满足。很多日本人为自己在世界范围内的疯狂购买沾沾自喜。多年来只能对美国唯唯诺诺的日本似乎看到了自己有望超过美国,成为世界头号强国。有这样一个故事,一栋美国大楼打算卖给日本人,美国人报价4亿多美元,双方谈妥,就等日本人付钱交割了。日本人忽然拿来了新的合同书,上面写的价格是6.1亿美元。美国人莫名其妙。日方人员解释说,他们的老板头一天在吉尼斯世界纪录里看到,历史上单个大楼出售的最高价是6亿美元,他们想要打破这个纪录。

1990年9月,日本人熊取谷稔以8.4亿美元的天价买下了美国的圆石滩高尔夫球场以及风景优美的"十七英里公路"。这块美国人心中的圣地之一变成了日本人的财产,这让美国人黯然神伤了很久。熊取谷稔在收购球场后,在日本出售1000张圆石滩高尔夫球场100万美元一张的会员卡。如此算下来,可得到10个亿,减去8.4亿美元,还有1.6亿美元好赚。

但是会员卡销售并没按熊取谷稔设想得那么顺利,给他提供资金支持的日本银行出现了麻烦。到了1998年,熊取谷稔把高尔夫球场以8.2亿美元的价钱卖还给了美国买家。

人们发现,在这场并购中,损失最惨的就是熊取谷稔。而那位当年的卖主美国人马文·戴维斯则赚头最大。1978年他买进这个球场时只花了7200万美元,1990年卖给日本人则拿到了8.4亿美元。

之后不久,三菱公司因为经营不善,难以承受巨额亏损,不得不以半价将洛克菲勒中心卖还给原主。而索尼购买哥伦比亚影片公司是日本亏损最大的企业并购案。虽然索尼最终实现了向娱乐公司转型的战略,但花费了多得多的成本和时间。轻率的购买行为不是加速而是延迟了索尼战略的实现。

进入20世纪90年代以后,日本逐渐失去了大量收购美国资产的势头。以前收购的那些资产许多都变成了经济包袱,不但不能带来收入,还要想办法摆脱。计算机等新技术的迅速发展,更降低了日本收购的那些传统产业的赢利能力。日本人也不得不承认,日元升值带来的财富膨胀让他们头脑发热,高估了自己的能力,以为自己可以不受经济规律的制约。日本人往往是为了并购而并购,他们特别热衷于那些在美国有巨大影响的资产,比如洛克菲勒中心。至于这些资产能不能在日后带来足够的收益,他们并没有进行足够认真的考虑。而以后的局势发展也让他们为自己忽视经济规律的行为付出了沉重的代价。

日本人为自己的狂热所付出的代价不仅仅是金钱,还有形象。据一项美国人对外国人印象的调查中,接受调查的美国人对日本人的印象,选择负面选项的占到总人数的90%,而对中国人的印象则只有40%的人选择了负面分。

中国不要成为下一个滞胀的日本

如今的中国与当年的日本,有着太多的相同之处:在2008年次贷危机之后,美国、欧盟等像当年要求日元那样强烈要求中国人民币升值,以改变中美与中欧之间的贸易逆差。目前作为最重要的产品输出国,中国的外汇储备已跃居世界第一,人民币面临巨大的升值压力。这一局面与20世纪80年代中期的日本极为相似。而如今的中国游客在巴黎、夏威夷、纽约像当年的日本人一样大肆采购奢侈品。很多中国的企业在美国盲目并购不良资产,为了并购而并购,和当年日本人的行为如出一辙。

我认为,日本在经济辉煌后的滞胀10年,就是在为之前不负责任的狂热海外并购还债。任何一起并购案,并不一定都能带来利润。正如前文中提到的,中国企业发起海外并购,有的成了吉利,有的则成了TCL。在中国崛起的一片叫好声中,硬着头皮去收购人家的资产包袱的大有人在。不为发展而并购,只为并购而并购,日本付出了代价,难道我们还要重蹈覆辙吗?

中国企业在发起海外并购时,始终要保持清醒的头脑,正如前文所述,中国式的并购,有其内在的原因。与当年的日本相比,中国如今的产业结构层次较过去的日本更低。中国企业面临的问题,并不是钱怎么花,而是要控制整个产业链,摆脱过去只靠加工业获取低廉利润的尴尬局面。从这个层面来看,中国式的并购或许比日本式的并购更多了几分冷静。

不过如今一些中国人的狂热与自尊并不比当年的日本人少多少,更有一些人把并购海外资产当做一种"爱国主义"式的征服的延伸,要对欧美国家发动经济"圣战"。这种想法是可怕的,也是可笑的。在这样一个全球化日益加深的世界,国家与国家的联系日益紧密。中国企业能够发起对美国资产的并购,本身就说明中国经济与美国经济在某种程度上已经密不可分了。双方的联系如此深刻,又何来"征服"或者"被征服"呢?

我觉得,海外并购是一个系统工程,也是个难得的发展机遇。发起海外并购,不但要谨慎,更要保持一颗平常心。要切记,海外并购并不是谁吞掉谁,归根结底,海外并购要实现的是并购方与被并购方的双赢,在这一点上,吉利已经给了我们最好的答案。

规避陷阱 法律先行

中国企业在海外并购,尤其需要注意法律问题。很多中国企业对海外并购准备不足,不熟悉东道国的各项法律,对并购中存在的法律风险估计也不足。而海外并购所面临的法律风险高于国内的并购行为,中国企业在国内并购中积累的土办法、土经验用来解决在国际市场上并购遇到的麻烦,注定会像 TCL 那样以惨败收场。

企业海外并购涉及的法律十分繁杂,海外并购一般涉及的法律有公司法、证券法、银行法、会计法、反垄断法、劳动法、外汇管理法等,而且法律关系复杂。而东道国政府一般都对外国企业的并购增加许多限制,比如规定控制权及投资额等。如果不熟悉这些相关法律,海外并购计划很难顺利执行。

海外并购中的法律风险

1. 市场准入风险

在进行并购之前,我们一定要搞清楚,所要并购的对象,是否涉及征收、国有化、战争以及恐怖活动等政治暴力事件,是否会对东道主国的国家经济安全造成影响。如果是这样,那么就要着重注意东道主国的法律中对外资并购的管制性规定。例如中海油集团对尤尼科公司的收购案、五矿集团对诺兰达公司的收购案中,从经济上来讲,美国和加拿大的公司都不吃亏,但是东道国从政治上考虑还是要进行审查,结果导致了项目中止或无法顺利进行。

世界上的大多数国家,均对外资并购行为加以相当严格的反垄断限制或者以国家安全为名的其他法律规制。目前世界上已经有 60%的国家有反托拉斯法及管理机构,但是管理重点、标准及程序各不相同,这就要求发起并购的公司要有强大的法律支持团队,否则并购过程将是旷日持久的,往往需要花费高额的法律和行政费用,增加并购成本。

另外由于体制和历史的原因，真正在海外有实力大举进行并购的中国企业，往往以国有企业居多。这种身份在以私营企业与民间组织为主的资本主义国家中，更会招致政府的特殊"关照"——更为严格和苛刻的法律审查程序。

2. 选择收购对象的决策风险

TCL 在并购阿尔卡特手机业务时，其通讯管理层认为，阿尔卡特的部门不过 1000 人，且只有研发和营销体系，没有工厂，觉得交易结构相对简单，涉及人员和资源比较少，整合难度比较低，因此就没有聘请中介机构进行精密策划，而是自己设计了收购方案。看似省了几百万欧元的咨询费，但结果却是因小失大。由于在制定计划的过程中准备不够充分，问题研究得不够透彻，对可能遇到的困难准备不足，低估了整合国外业务的难度，加之其他因素的影响，造成阿尔卡特在并购后一度整合艰难，给 TCL 集团的经营造成了极大的压力。

3. 信息不对称风险

在并购过程中，能否及时获取真实、准确与有效的信息是决定并购行动成败的关键。企业作为一个多种生产要素、多种关系交织构成的综合系统，极具复杂性，并购方很难在相对短的时间内全面了解目标方。出于利益的考虑，很多被并购企业往往会隐瞒一些不利的信息，或者故意编造一些有利的信息。因此在实际并购中，有好多企业因为事先对被并购企业的赢利状况、资产质量、或有事项等可能缺乏深入了解，没有发现隐瞒着的债务、诉讼纠纷、资产潜在问题等关键情况，而在实施并购后落入陷阱，难以自拔。

4. 法律专业化操作的风险

中国企业在组织收购团队时，往往重视商业人士和财务人员，忽视法律专业人士的构成。实际上，海外并购并不只是单纯的商业行为，其中涉及的法律问题非常多，只依靠商业谈判人员和财务人员是无法解决问题的。例如中化国际曾拟以 5.6 亿美元独资收购韩国仁川炼油公司，在签署的排他性谅解备忘录中，中方以大局为重，没有意识到应该增加附加条款，以便用法律手段限制对方再提价，结果该公司的最大债权人美国花旗银行在债权人会上提出要抬价至 8.5 亿美元，超出了中化集团的承受能力，最终导致了并购失败。造成此种被动的重要原因在于，企业领导人的自负及对专业人士的蔑视，而国内在此领域专

业人员的匮乏与专业能力的不足,也是重要原因。

5. 融资风险

每一项并购活动背后几乎均有巨额资金支持,企业很难完全利用自有资金来完成并购过程。企业并购后能否及时形成足够的现金流以偿还借入资金以及满足并购后企业进行一系列的整合工作对资金的需求是至关重要的。在实践中,并购动机以及目标企业并购前后资本结构的不同,还会造成并购所需的长期资金与短期资金、自有资金与债务资金投入比率的种种差异。与并购相关的融资风险具体包括:(1)在时间上和数量上是否可以保证需要;(2)融资方式是否适应并购动机,是暂时持有还是长期拥有;(3)现金支付是否会影响到企业正常的生产经营和杠杆收购的偿债风险等。

6. 财务风险

并购中还经常出现中外财务系统不匹配、投资回报预测假设条件存在缺陷、税收窟窿及其他未登记风险、有形与无形资产的定价、融资成本等财务风险。

7. 信息披露风险

在并购过程中,在必要的信息披露等方面一定要遵守当地的规定。一些中国企业在国内习惯了在财务报表上做手脚,在信息报告上玩文字游戏。须知这样的虚报、侥幸在国内尚且无法次次都蒙混过关,到了国外,更会酿成大祸。由于国内外法律环境的差异,中国企业进行海外并购需要特别注意东道国的某些法律规定。比如中航油在新加坡并购当地一家石油公司的过程中,因为没有披露巨额亏损的重要信息而遭遇重创。

8. 工会与劳工组织的风险

正像上文提到过的,TCL 的李东生在收购汤姆逊后,仅仅因为要裁员,就与法国工会谈判得异常艰难,两年的时间都没有和工会达成一致,到2006年5月份,情况变得无法控制。

并购后的法律风险

中国企业海外并购前和并购中会遇到一些法律风险,并购后的经营期仍然会遇到诸多法律风险。尤其对中国当前一些能源类大型海外并购而言,经营期法律风险更大。中国海外并购企业的管理层往往对并购前和并购中的法律风险非常重视,而对并购后整合中的法律风险考虑不足。

例如,劳工保护问题是中国企业海外并购后遭遇的典型法律风险。中国企业在完成当地投资和海外并购后,常常要根据业务需要对被收购企业人员进行调整或裁减。此时,中国企业应该特别了解当地劳动法规对裁减人员的各种要求,以及雇佣当地人员的比例要求等。如果中国企业无视当地劳动法盲目行事,对被并购企业人员调整就有可能违法。

此外,由于西方国家工会的力量十分强大,对并购后的裁员和降薪管制得十分严厉,处理不慎就会麻烦不断,严重影响并购的预期效益。同样,企业排放污水和废气要遵守当地环境法的规定;公司的治理要符合当地公司法或证券法的规定;同时在知识产权、合同管理、会计准则、税收、社会保障等方面都要遵循当地法律。中国企业由于缺乏这方面的经验,往往低估并购后的法律风险,从而导致并购后出现劳工、知识产权等本可以避免的纠纷。

中国企业应对海外并购法律风险的对策

1. 选择一个好的美国律师

美国的各种法律法令多如牛毛,被称为法律的国家,由此而来又可以把美国称为律师的国家。这是我了解了美国的生活,研究了美国的历史和现实之后得出的结论。在美国,几乎每件事情,哪怕是很简单的事情,都要找律师来处理,否则你将会举步维艰。比如你要开办一个公司,或是买卖一个餐馆,或是出了车祸,或是犯了什么罪,都要找律师。换句话说,你一旦踏上美国的土地,没有律师将寸步难行。

另外,美国的各种法案名目繁多,同样的案例在不同律师那里得到的结果也各不相同。一般人要想了解某一方面的法律条文,通常是很难自己查阅明白的。在这种情况下,律师就起到了关键的作用。

当年美国轰动一时的辛普森(O.J. Simpson)杀妻案就证明了律师在美国法律界中的重要作用。当时此案的审理一波三折,最后在证据"充分"的情况下辛普森逃脱法律制裁,在用刀杀前妻及其男友两项一级谋杀罪的指控中以无罪获释,仅被民事判定为对两人的死亡负有责任。本案也成为美国历史上无罪推定的最大漏洞案件。

我认为美国的法律并没有人们想象得那么严肃,和美国的选举一样,往往是利益集团之间冲突与平衡的结果,根本的一点就是让懂法律的人为有钱的人说话。美国的法律与法制纯粹是有钱人的法律和法制,没有钱就没有地位,也没有话语权。总之,中国企业想要在美国市场上顺利开展业务,就必须习惯美国的法律,选择一个好的律师或律师事务所,只有这样,才可以规避风险,防患于未然。

2. 寻求专业支持,实施同步控制

中国企业防范海外并购法律风险的有效手段是寻求专业支持,实施同步控制。专业机构在海外并购中相当关键,事关目标公司的诸多指标和细节,比如企业的财务状况、发展前景、关联交易、市场份额、员工素质以及当地产业政策法规、商业环境等等,都需要由中介机构予以提供,它们提供的这些信息将直接影响并购企业的决策取向和实际绩效。

从产生海外并购的意图开始,中国企业就应寻求熟悉并购法律法规的国内外专业机构支持,获得及时、同步的法律服务。法律服务不仅在并购前和过程中需要,还要延续到整个海外企业存续期间。并购前,通过专业机构了解并购所涉及到的当地法律法规及它们之间的复杂关系,为并购决策提供法律依据。并购中,专业机构针对并购方案提出法律意见,避免与当地法律冲突。并购完成后,专业机构可以帮助企业完成并购后的整合,避免劳工、知识产权等方面的纠纷。可见,通过寻求专业机构支持,实施同步控制可以有效防范海外并购前后可能遇到的各种法律风险。

3. 提高企业内部法务处理能力

在海外并购中,中国企业不仅要注重向外部专业法律机构寻求服务,还必须提高企业内部的法务处理能力。一旦开始海外并购进程,中国企业应该相应提升内部法律部门的地位和能力,系统全面地管理企业相关法务资源,引进或培养熟悉目标企业所在国法律制度的法务人员。在这方面,中国企业可以借鉴国外大型跨国公司对法务资源的重视程度,如世界500强中的雪佛龙石油公司(正是该公司从中海油手中夺走了尤尼科公司),每13名雇员中就有1名律师。

第七章

中国资本扩张记

——置业美国

记得我在 20 世纪 80 年代刚到美国求学的时候,心中满是不安。要知道那时候的中国人并不富有,当时我的身上仅有 300 美元。靠这点钱,如何在美国住下来,并且完成学业,我可是一点谱都没有。不过不久以后,我忽然富了起来,每月不但能够支付生活费,还能给远在北京的母亲汇去 150 美元补贴家用。或许诸位读者会问,你难不成是中了彩票?

其实我这样一介"穷书生"之所以能够在美国立足,除了我找到一份在中国餐馆刷盘子的工作外,完全得益于美国成熟的教育制度。在美国的诸多教育制度中,有一项很重要的制度,那就是奖学金制度。寒门子弟一样可以接受高等教育,只要你是个刻苦学习并且取得一定成绩的学生,不分国籍种族,一样可以获得奖学金。我到了美国后,获得了每个月 600 美元的奖学金,虽然这不是一笔巨大的财富,但是对于那时的我而言,已经足够了。

时过境迁,如今的中国人大多比 30 年前富裕了很多,或许再到美国,已经不必像我那样靠刷盘子谋生,也不必骑着 8 美元买来的自行车在车流中穿梭。但不可否认的是,与地球上大多数国家相比,美国是对国民与新移民呵护有加的国家。想来美国发展的中国人的处境和当年的我有很大不同,但有一点是相同的,他们和我一样,都受到这个国家各项制度、法律的保护和照顾。

而在如今想移民美国的中国人圈子中,又流行一句话,叫做"移民不移居",获得美国身份后,先在国内打拼,等条件合适了再去美国生活,这不失为一个稳健的计划。另外我周边的朋友大多有几个孩子,孩子出生地各不相同,有的出生在国内,有的出生在香港,还有的出生在美国。这样的家庭既符合了各国的法律,同时又圆了中国人多子多孙多福的传统家庭梦想。

炎黄子孙在全球各地繁衍生息,不仅向全世界传播了中国文化,展现了中国人的聪明才智,同时也加强了各国对中国的了解与交流。这不正符合当今全球一体化的趋势吗?移民也许是中国对外扩张的重要组成部分。

投资、置业、移民三部曲

　　300万元人民币,可以在中国的一线城市购买一套高价位的房子。当然,根据相关法律,你购买到的仅仅是该房屋70年的土地使用权。而在国内房地产价格不断走高、泡沫化日趋严重、新"国八条"问世、开征房地产税的今天,这300万元购置的房屋会给您带来多少收益呢?这300万元能够成就资本增值的梦想吗?

　　不过,如果我们走出中国、放眼世界,就会发现:其实在美国,只需要两年时间,这300万元人民币既可以实现资本增值,又可以获得房产,甚至可以拿到美国绿卡, 获得美国公民所能享受到的一切资源、待遇。如何实现呢? 美国的EB-5移民项目也许是个不错的选择。

　　EB-5是美国联邦政府于20世纪90年代推出的一项投资移民项目。外国投资人在美国投资100万美元,或在经政府核准的"区域中心"投资50万美元,并直接或间接创造10个就业机会,即可获得为期两年的有条件居留权。两年后若该投资行为仍然持续存在,且已达成项目所需创造的就业人数,投资人则可获得永久居留权。5年后即可偿还投资。

　　EB-5对投资人的年龄、商业背景、经历或语文能力均无设限;永久居民不需要持续性地实际居住在美国境内, 可以在别国从事其他的个人事业与投资。对于中国的民营企业家而言,这是一个将自己的企业推向美国、走向世界的绝佳机会。之前我们曾经探讨过中国制造登陆美国的可能性和优势,而在具体操作中,参与EB-5移民项目,不但可以获得在美投融资机会,开拓国外市场,还可以在美国置业,利用EB-5的有利条件将投资人的家属、子女迁入美国,解决后顾之忧。

　　最近几年EB-5类签证的申请和获批人数不断增长。据我所知,美国在上一联邦财政年度获批的EB-5类签证移民中,有七成左右来自中国、韩国等亚洲国家。这说明中国已经成为美国 EB－5 的重点关注对象。一方面,金融危机使得美国移民政策更加宽松,奥巴马政府 2010 年秋天宣布 EB－5 项目延长 3 年,从政策上消除了投资者的后顾之忧,一些美国的州政府、市政府更是放宽了相关条件;另一方面,人民币的坚挺和美元的持续贬值,使得中国投资人所需要投资的人民币额减少,这样可以规避很多不必要的风险。

相对于 EB－5 的绿卡、留学优惠,中国的投资者更应关注的应是投融资项目。在传统的房地产、旅游、金融等领域,EB－5 有着强大的融资能力和极高的利润回报。EB－5 的低风险、高收益、附加条件优惠在国内是无法想象的。相对于国内逐渐收紧的投资环境和低回报率,通过 EB－5 向美国进行资本扩张,获取利润回报,不失为一条捷径。

从时间节点上来看,通过 EB－5 投资美国的房地产,是个不错的选择。目前美国房地产整体处于低位。低位买进永远是赢利的先决条件。美国的房产所有权是永久性的,另外,美国的房地产尽管受到金融危机的冲击,可是用来抗击通货膨胀以达到资产保值,依然是可靠的。关于投资房地产,在后面的章节中我将会详细加以介绍。

我要提醒大家的是,近些年来,在国内移民热潮的刺激下,我国移民中介机构发展迅速,全国范围内出现的中介机构多达数千家。由于移民中介机构的数量增长和规模扩张,加之国家对中介机构缺乏有效的法律制约和规范化管理,导致移民中介良莠不齐,很多中介为了追逐利益最大化,向国人提供虚假的信息,使很多抱着出国梦的企业和个人遭受了巨大的经济损失。因此,移民之前一定要对中介及移民项目进行详细的调查,谨慎选择,以免耽误前途。

置业美国 体验不同的文化

美国的人居

置业美国,可以体验另一种文化与生活。今日美国处处风景如画,19 世纪以来的工业化进程对美国造成的工业污染,已经所剩无几。

美国的环境保护运动开始得很早,早在 20 世纪 70 年代,美国的民间环境保护运动就已经开始了,并且延续至今。如今在美国,环保已经深入人心。环保有着广泛的社会基础,美国人也有较高的公民环境意识,而且美国政府也制定了健全的法制体系,这些使得工业污染得到了有效的防治,整体环境状况相当好。春天里北美大地到处花红草绿,令人赏心悦目。城市中因为有大量绿地覆盖,野生鸟类、野兔、野鸭、松鼠等到处可见,在有些树林中,还能看到鹿群出没。据杨百翰大学与哈佛大学的研究调查,过去 20 年因为美国的空气更干净,让美国民众 23 年来寿命延长近 3 年。这是首次有研究显示,降低空气污染可使人类长寿。我在美国生活了很久,经常为那里清新的空气、葱郁的绿地、清澈见底的池塘和人工湖所陶醉。这样的自然环境非常适合定居。

美国的人口分布与中国也大不一样。绝大多数人居住在 10 万人口以上的城市里。因为美国农业的机械化程度很高,只需要较少的人从事农业,居住在乡村的人自然就少了。

在美国,大约占总人口 60% 的中产阶级拥有自己的住房。对于大多数城里人来说,理想的住处环境是他们所在城市的郊区,或者离城市更远的乡间。这样的居住选择之所以可行, 是因为有方便的公共交通设施和私人交通作保障。美国大部分家庭至少拥有两辆汽车,74% 的美国人乘坐小汽车上下班。我们可以把美国现在的居住潮流称之为"郊区化"。

城市的闹市区以往是房地产的黄金地带,现在不同了,拥有一定资产的中产阶级对这里已经丧失了兴趣,正在逐步撤离。由于美国城市的"空心化",使得美国很多城市的教学、医疗机构都迁往了郊区,而不是处在繁华的都市中。

能够居住在郊区的基本上都是白领阶层以上的人士。由于有较为坚强的经济基础做支撑,他们置业的标准都不低。比如说在离城里半个小时路程的郊区买一栋房子,四个卧室,一个客厅,客厅里铺有地毯,有两个可走入的大壁橱,一个餐厅,一个大厨房,三个卫生间,一个大花园。这样的情况很正常。

入住这样的房屋, 不但意味着购房者可以拥有属于自己的舒适的居住空间,享受到医疗、教育的种种便利,还意味着他将拥有一大批和他收入水平相当、品味一致,甚至志趣相投的好朋友——邻居。美国人非常重视社区生活,很多人积极参与社区的各种公益活动, 也愿意与社区的邻居们举办各种聚会,在自家后院分享友情和美食。美国人也乐意奉献出时间和精力为社区做一些有意义的事情。他们经常在社区参加一些义务工作,如:医院、为其他老年人服务、学校、帮助穷人的非营利性机构、少年体育活动项目、少年组织、学校董事会以及许多其他社区组织等。

在社区,除了邻里之间的聚会和参加义务工作之外,还可以经常参加一些地方艺术节,大小社区都有自己的图书馆和其他各种服务措施,这些对工作繁忙的成年人和青少年也都是很有益处的。我觉得,相比国内一些住了几年,尚不知道对门人家姓甚名谁的邻里关系,美国人更愿意交流,也更友善。

此外,美国人还发明了一种独特的移动居住方式:汽车房子。美国人喜欢旅游,无论是退休的老年人还是尚在职场上打拼的上班族,每年都要出去走走。开房车是一种在国内旅行的好办法。开上房车,想停就停,想走就走,想停多久就停多久,惬意无比,十分符合美国人天生热爱自由的性格。

美国的教育

中国和美国的教育方式和教育理念有着很多差异,并不是美国的教育方法就处处比我们高明,不过他们的某些教育方式的确值得我们借鉴。

记得有一次,我到超市去买东西,有一个美国母亲牵着一个大约两岁多的小男孩,小男孩拿着一个玩具冲锋枪坐在地上哭闹,喊着"我就要这个!我就要这个!"他妈妈哄了几分钟,似乎并不见效,于是双手抓住小男孩的肩膀把他提了起来,严厉地说:"小霍华德,看着妈妈的眼睛,妈妈说不可以!"小男孩仍旧不抬头。这时,美国妈妈的态度变得更严厉了:"小霍华德,把头抬起来!"小男孩缓缓地抬起了头,看着妈妈。几分钟后,小男孩似乎读懂了妈妈的眼神,乖乖地把玩具枪递给了妈妈。如果在中国,可能父母就要在孩子的哭闹中投降了。

我的一位美国朋友有三个孩子,最大的 13 岁,最小的 6 岁。每个孩子都有不同的爱好,其中一个非常喜欢钓鱼。在中国父母看来,喜欢钓鱼而忽视学业是不被允许的,而我这位朋友非但没有强迫孩子学习,反而给他买了很多专业的渔具。因为在他看来,不是每个孩子都会成为科学家,他更看重的是专业方面的发展。

美国的教育更关注的是人,人的个性、兴趣、潜能、实践和创造;教育学生学会做人、感恩、交往、欣赏、感动、理解、尊重等。同时,美国非常重视体验教育,注重生动的爱国教育。

从 19 世纪中叶以来,美国就为国民提供免费的公共教育。公共教育是由州和地方政府管理,并由当地税收提供资金,但却是联邦政府规定的强制性教育。

在提升技能、拓宽知识面和增加受雇机会等方面,上课和不断学习是很重要的。在美国,公共教育制度给你和你的子女提供了大量的机会,而私立、社区和州立学院和大学,在高等教育方面也提供了多样化的选择。

美国的大多数社区都有私立学校。在美国,大约有 10%的学生在私立学校读书。这些学校的经费并非由税款支付;相反的,学生的父母必须缴纳一年的学费。有些私立学校是经过认证机构鉴定的合格学校,有些则不是,因此确定教师是否合格是相当重要的。有的私立学校是"大学预科"学府,而几乎所有的毕业生都会进入大学。有 80%的私立学校或多或少和宗教团体有关系,并且会以某种形式的宗教教育作为其课程的组成部分。其他的是军事院校,其课程则包含了某种形式的军事训练。

在美国,有的行业需要大学学位,例如法律、医药、工程或教育等;而在其他行业里,有学位的个人将获得优先擢升的机会,因此接受大学教育是一项有价值的资产。在美国,绝大多数有意进入专业行业工作的人,都会选择进入学院或大学,而美国其大学生在人口中的比例在工业化世界中属于最高之列。

一般所上大学或学院的名气越大,入学标准就越高。同样的,在毕业后,你在自己选择的行业受聘的机会也较高。有些院校以其在某个专科的优越表现闻名于世(例如纽约州立大学以写作和文学方面的学科而著称,而沃顿商学院则以商科知名),因此会增加其毕业生在这些工作领域的受聘机会。

美国高等教育费用高昂。近年来上大学的费用不仅与美国经济发展同步增长,并且超过了中等收入家庭收入增长的幅度。据统计,1994年一个中等收入家庭的一家之主(如一位工程师)要花87个工作日的收入才能供养一个子女上一年的大学,而1974年只要花52个工作日。大学教育费用的不断上涨正在成为许多有条件入学的男女青年接受高等教育的障碍。

美国政府非常重视教育,联邦政府为那些需要助学补贴的大学生提供的计划,称为FAFSA(联邦学生补助免费申请),这项由美国教育部联邦学生补助部门监管的计划,为许多贫寒学生进入大学学习开了方便之门。

符合标准的合格学生也可以申请奖学金。一般情况下,学术能力、某些天赋或才能,以及实际需要,都是给谁颁发奖学金的决定因素。多数高中和大学都有助学补贴办公室。一旦接受学生入学后,就会协助他们查询有关助学补贴的信息。其中有不少是半工半读计划,允许你部分时间工作,以便用工作所得的收入支付你在大学学习期间的费用。绝大多数高等院校都对那些需要经济资助的学生提供有限的校内工作,如图书管理、餐厅打杂、电话接线、房屋修缮等,工资由政府或学校支付。研究生则经常担任教师的助教或助研,为低年级大学生上辅导课或在实验室带实验。此类校内工作的所得,少者是零用钱,多者基本上可用来支付大学的全部费用。学校也帮助学生在学校所在的社区寻找工作。不过各校对学生打工都有一定的时间限制,通常为每周10—15个小时,假期则不加限制。

美国的医疗体制

初入美国的人会发现,这个国家的医疗保健制度与自己原来国家的情况有所不同,甚至差异很大。在美国,无社会化医疗制度或全民性健康保险。想获得医疗保健服务,必须参加健康保险,要么自己直接掏钱看病。

美国是世界上卫生保健开支最大的国家。2009年美国政府在医疗上的投入相当于2.2万亿美元,占美国GDP的17%,并且呈逐年快速增长的趋势,预计到2020年占GDP的21%。

私人和政府的保障责任。多数美国人都是通过雇主购买的私人保险来获得医疗保障。政府向老年人、残疾人、穷人、儿童、现役军人、退役军人等提供公共保险计划,以满足他们的卫生保健需求。这些公共保险计划主要是医疗照顾、医疗援助和州儿童健康保险计划。具体来说,私人部分提供了 12000 多亿美元中的 6621 亿美元, 占总支出的 54%;公共部分提供了余下的 5485 亿美元,占 46%。

在正式的健康保险计划中,私人健康保险主要是雇主提供的针对 65 岁以下人口的健康计划,占卫生支出的 33%。而公共健康保险,主要是医疗照顾、医疗援助和州儿童健康保险计划,占 1/3。还有 1/3 是非正式的医疗保险制度安排,其中有两个非常重要的资金来源,一个是私人自费,占卫生支出的 15%;另一个是私人慈善捐赠,它既包括医疗机构和医务人员的慈善医疗,也包括款物的捐赠。

此外,还有两种机制是维系目前医疗保险制度所必不可少的。一种是政府对卫生保健的间接融资,也就是政府间接补贴私人健康保险,其主要形式是通过税收优惠政策减少政府从雇员和雇主支付给私人健康保险的费用上获得的收入,它是税收支出的一种形式。这种补贴有利于鼓励雇主以健康保险,而非现金收入的形式对雇主提供健康保障,以降低雇员获得健康保险的价格,也让雇主以健康保险的形式对雇员进行补偿的成本更低。

还有一种成为美国长期护理制度基石的个体行为,就是非正式的照顾付出。它以亲属和朋友提供的非正式家庭照顾为主。

医疗保障覆盖范围。2010 年,美国有 80%以上的人口至少为一种私人或政府健康保险计划所覆盖。在政府健康保险方面,有 3590 万人参加医疗照顾,有 2790 万人为医疗援助所覆盖。

保障水平与健康产出。美国在卫生保健方面的花费为世界之最,美国也是世界上医疗技术最先进的国家。由于美国实行的是混合型的医疗保障制度,而且私人健康保险居主导地位,在这种制度下,个人获得的医疗服务与其支付能力或就业状况有很大关系,而支付能力又主要由健康保险费用而非收入决定,即使两人收入相当,但因选择和购买的医疗保险不同,他们享受的医疗待遇和保障水平也不一样。因此,美国医疗保险制度的保障水平个体差异很大。

美国医院、诊所和医疗机构的资质标准极高。政府规定,所有从医人员必须合格并持有执照。诊所和医院必须符合资质标准。执照颁发机构,如卫生保健机构资质鉴定委员会(JCAHO)会去医院查看。颁证机构鉴定和评估的依据是医疗单位在执行统一标准方面做得怎样。

美国对预防疾病、防止疾病扩散十分重视。为此,儿童常规免疫保健以法律形式固定下来。至今,儿童在公立学校注册时都要求出示免疫保健记录。在"看望好宝宝"时,在县级诊所、当地卫生部门,或者在儿科医生的办公室里,孩子们都可得到免疫保健服务。

美国的社会安全福利制度

美国社会安全福利制度创立于1935年,由美国联邦政府卫生教育福利部主持。50多年来,这一制度已为美国人广泛接受,并成为人们生活中的一个重要组成部分。该制度自创立以来,历经多次改革,内容得到不断补充和更新。这项制度草创之初,仅限于保障部分工商界蓝领工人及其家属的利益,1939年增加规定,劳动者如死亡,其遗属可以领取社会安全金;劳动者退休后,依靠其抚养的家属也可以领取社会安全金。

目前每个月从政府福利单位领取福利金的人有3400余万人。它的保障范围较广,包括医疗服务、残疾保险、退休及残疾人子女教育补助金、社会安全福利金、失业救济金以及对低收入家庭子女的津贴、对失业者的工作训练补助以及学童营养等。

为此,美国联邦政府全国总预算中的福利预算数目颇为可观。例如1981年,美国的福利预算为164.83亿美元。里根总统上台后,大幅削减联邦各部门预算,社会福利预算自然也在削减之列,因而相应地有所减少。

社会安全卡,又称工卡,是美国居民必不可少的证件。此卡由美国社会安全局发放,由申请者本人到社会安全局(全美共有1300余处,大多设在各州主要城市)填报一份详表,并出示护照、出生证明等证件,经核对无误,在一两个月内便可收到社会安全卡。美国人每人一生只领取一个社会安全卡,如果遗失可以申办一份遗失卡的副本。

社会安全卡的作用很多,不仅证明身份,而且应征寻职、银行开户、贷款、申请入学、申请福利等,都要出示社会安全卡或填写社会安全卡号码。但对一般人来说,其最主要的用途还是缴税,申请福利的作用只有当失业、伤残或年老退休时才会显现出来。社会安全卡上记载着持有人的收入及纳税的全部记录,只有根据这个记录，才有资格在日后领取福利金。

美国的社会福利资金主要来自民间的两项税收，一项是联邦安全保险税，另一项是州伤残保险税。联邦安全保险税的税率是在个人所得薪水内扣缴总额的 6.56%，个人所属的企业或机关也相应地报缴 6.56%。也就是说，联邦政府将从每个人的薪金及其雇主方面按月收取相当于个人薪金 13.12%的税金，用于社会福利。各州伤残保险税的税率，是扣缴个人薪金总额的 0.6%。以月收入 1000 美元计，每月应缴 6 美元。如果州政府对伤残者的补助不够，联邦政府再另行拨款。

由此可见，美国的福利制度完全是"羊毛出在羊身上"，每个人在有能力工作时缴纳税款，一旦丧失能力，便可享受这种福利。社会安全卡的主要用途——先纳税，后领福利金——便是福利制度的证明。

美国政府发放的福利金支票主要有两种，一是退休养老金支票，一是残疾金支票。美国规定的退休年龄是 65 岁，但一般均可在 62 岁提前退休，并提前领取养老金支票，其家属也可得到适当补助。养老金的多少主要根据领取者历年缴税的情况、过去工资收入和抚养人数多寡来决定。

年老退休后，如果又恢复工作或者 65 岁后延迟退休，他的养老金将有所增加。例如 65 岁后仍然工作，退休后养老金可增加 3%，不过所增加的养老金只给本人，家属的福利金不会增加。需要领取养老金的人，要在退休前 3 个月到当地的社会安全局申请。正式退休后的当月就会收到养老金支票。

美国能够获得残疾保障的对象包括 65 岁以下的残疾者及其家人。如果 22 岁以前成为残疾，其父母或祖父母也可领到残疾金。如果退休后残疾，可以申请不领养老金而改领残疾金，数额比前者多。

美国社会福利单位规定，凡不能从事工作而挣取收入的人、患病在 12 个月以上还不能工作的人都有资格领取伤残福利金。盲人、聋哑人、癌症患者、心血管病患者自然有资格领取伤残金，甚至营养不良、贫血、身体虚弱也可申请领伤残金，当然要经过医生的严格诊断。

发放伤残福利金同其他各种福利的不同之处在于享受伤残福利的人必须参加过工作，从来没工作过的人没资格领取伤残金。根据伤残者年龄不同，要求的工作年限也不同。如 24 岁受伤残疾，要有一年半的工作资历；31—42 岁的人，要有 5 年的工作资历；51 岁的人，要有 7 年半的工作资历；62 岁以上的人则

至少要有 10 年工作资历。

联邦保健是美国福利中最受欢迎的一项,分为医院保险和医疗保险,主要目的是帮助 65 岁以上的老年人及 65 岁以下的伤残人应付治疗和健康护理的昂贵费用。医院保险是帮助病人支付住院费用和此后的护理费用;医疗保险则是用来帮助病人支付医院门诊费用和医生服务费用等。

美国的医疗保险费用 1/3 以上是由联邦政府从普通税收中拨付,其余部分则由够年龄的人自己按月缴纳保险金,只不过这种保险费要少一些。领取养老金的人每月保险费从养老金中扣除。

美国虽然物质文明比较发达,但仍有许多人因失业或丧失工作能力而入不敷出,三餐不继。美国各地专门设有发放粮食券的机构,便是为了解决一般贫民吃饭的问题。凡是收入低微不足以糊口的居民,都有资格向该机构申领粮食券。申领粮食券的人要亲自到办事处出示个人收入证和银行存折等。批准申请后,10 日内就可收到一份可以兑换粮食券的卡片,上面注有申请人应得的金额,可以凭卡片到粮食券兑换处按月领取正式的粮食券。

有些低收入家庭有老人、婴儿或孕妇,还可根据收入情况按月领取食物,包括奶粉、肉类、罐头及粮食等。

成熟的市场与制度

美国是个尊重法律的国度,也是一个尊重私人财产权的国度,在这样一个国家里,金融市场、银行系统、法律制度相对来说比较成熟。

美国人有"美国梦",举世皆知,而"居者有其屋"是美国梦的最重要标志。在美国,只要努力,只要有财产,每个人都可以拥有一座自己的房子。美国政府也致力于建设一个"所有者社会",鼓励私人拥有住房。所以在美国,自住房的比率始终高居 63%—65% 之间,2005 年更是猛冲到 69.1%。

我看到,在美国,政府不但鼓励私人拥有住房,而且极力帮助私人达成拥有自住房的"美国梦"。美国的房利美、房地美、吉利美这三大抵押贷款机构,就是政府支持的。另外,美国有诸如《社区再投资法》(Community Reinvestment Act,简称 CRA)之类的法律,通过鼓励储蓄机构贷款给低收入社区,来遏制信贷歧视性做法,帮助低收入人群购置住房。美国政府甚至直接为私人购买住房提供大量财政补贴。由此可见,"居者有其屋"甚至成了美国的国策。

美国对于私有房产保护的法律也多出自《英国基本法》。它认为私人的财产和空间是神圣不可侵犯的。在美国拥有房产的同时也拥有土地,它的永久产权保护土地、地面上的地产以及地上地下的自然资源,包括矿产、石油等。在美国的私有产权没有任何的开发限制,如果地是私人的,政府不得干预。同时,外国人在美国拥有房地产,同样受到美国法律的保护。

美国房地产相关的法律、保险保障体系非常完善,它的操作、交易直观透明,而且标准化、模块化。美国的房地产交易、管理以及咨询有专人服务,从而确保了高效和商业道德。所有相关人员都有政府所提供的执照进行匹配。特别需要提出的是,美国是单边代理,一般来说,代理人只为他的买方或者卖方一家负责,从而避免了交易人自己从中获得个人利益。

我向大家介绍两项房地产交易中不可缺少的制度——资金监管和产权保险，以说明美国房地产业的规范程度。资金监管和产权保险这两项制度，将最大限度地保护购房者的利益，这也体现了美国保护私人财产的立法精神。

资金监管，是由产权保险公司和金融监管机构来对购房者房地产交易中的资金进行全程监管。而直接与您进行交易的开发商或者经纪公司，在交易过程中，并不能接触到购房者的置业资金。

在美国的房地产市场，房地产经纪公司或经纪人只有一个职责：撮合交易，就是代表某一方找到买家、卖家，协助双方达成交易。随后涉及款项的事务，经纪公司或者经纪人并不参与，款项交割将由专业的非关联的金融机构来完成。专业化的分工使交易各方各司其职、相互监督、相互制衡，最大可能地保证信息透明和对称。

Escrow，即独立第三方交易保证，就是由专业金融机构来提供第三方监管的服务。房产交易开始后，独立第三方将会根据交易双方达成的协议对交易资金乃至双方在交易进行过程中必需的法律文件、相关证件等实施托管，在交易彻底完成前，除非有各方协商一致的书面文本或是法院的判决，否则任何一方均不得染指钱款与文件，直至交易完成后，房屋交易款项才会由这个独立账户转至卖方名下。

由于有专业化分工和专业公司提供交易保证服务，美国在房产交易环节的纠纷鲜有发生。如 1889 年成立于美国加利福尼亚的"第一美国集团"（The First American Corporation），在全球几十个国家和地区提供产权保险、交易保证以及房产金融服务，每年创造超过 80 亿美元的收入。在美国，每年高达 90% 的房产交易由第一美国集团提供服务，却从未发生中介卷款事件。

接下来说产权保险。在美国购置房产，政府会要求购买者买产权保险。这是一种强制保险，不买产权保险则房产无法进行过户。产权保险可以保证所购房屋的产权明晰干净。保险公司负责调查房屋的产权情况。如果房屋产权情况并不像卖方所叙述的那么干净，后果就需要由保险公司全权负责。产权保险的职责是在购屋置业过程中，化解购房者将来在拥有房屋过程中所有可能遇到的风险。所以理论上讲，如果产权保险公司做好工作，购房者就可以高枕无忧，不会有任何损失。

美国不少地区是允许外国人来购买地产的，像佛罗里达州，据说在那里买房跟本国公民一样容易,根据美国国家房地产协会发布的《外国人土地所有权指南》,美国最倾向支持外国投资本国房地产的州包括阿拉巴马州、康涅狄格州、佛罗里达州、佐治亚州、特拉华州、纽约州、华盛顿州和内华达州。

置业美国　正是买房抄底时

大肆购房的美国人

最近美国媒体,除了关注一些时事新闻外,讨论最多的就是美国的经济形势,其中大多数篇幅都在讲美国的房地产。美国的媒体和很多分析师,都不太看好美国的房地产业,认为美国的房价尽管目前已经很低了,可还有继续下跌的趋势。美国全国房地产经纪人协会在 2011 年 2 月 23 日公布的数据显示,2011年 1 月份美国旧房销售量环比增长 2.7%,但房价仍然在下跌。

美国的知名分析师 Robert Shiller 在 2011 年 2 月表示,美国房价可能将从目前水平进一步下跌 25%。他表示:"我直觉认为实际房价可能将再下降 15%、20%,甚至是 25%,这不是预估,仅是我认为的实际风险。"而 Capital Economics也称,美国房市的第二轮衰退或将贯彻 2011 年全年。如果房价下跌和止赎权丧失进入恶性循环, 本轮衰退将会十分严重。Capital Economics 资深经济学家Paul Dales 表示,房屋价格的二次探底始于 2010 年,并将在 2011 年持续并贯彻全年。新的下跌周期或将导致房价较目前的水平下跌 5%。

美国标准普尔公司日前发布的凯斯－席勒房价指数显示,2010 年 12 月份美国 20 个大中城市房价继续下跌,房价已经跌到了房地产市场泡沫破裂以来的最低点。

据悉,2010 年 12 月凯斯－席勒房价指数已经从历史最高点下跌近31.2%。经济学家希勒表示,美国的房价有可能再下跌 25%,这就意味着,美国房价或遭腰斩。美银美林经济学家麦尔表示,尽管成交量有所增加,但购房者都在寻找更便宜的房屋,加上供应过剩,2011 年美国房价将继续下跌。

我的一些美国朋友,最近都在跃跃欲试地准备购买住房。他们尽管在金融危机中损失惨重,可还有一些金融投资项目幸存了下来。他们纷纷将之变现,然后持币在美国各地用全额现款抢购住房。我惊奇于他们的魄力和胆识,在美国房地产业尚未复苏之时就敢这么投资。可他们却信心十足,在他们看来,美国人可不是人人都可以像他们这样,拿得出现金购买房屋的。很多美国人买房依然需要依靠贷款,而美国"两房"前景并不明朗,政府对房地产贷款的监管日益严格,这都使得如今在美国贷款买房要比以前艰难得多。

在我的诸多朋友中,有一位已经退休的销售经理,叫做麦金。麦金是底特律人,最近却砸下现金在底特律附近的托莱多买了两套公寓,并打算在接下来几天再买一套。麦金说,他喜欢托莱多,这里有丰富的森林植被和清新流淌的河湖环境。在这里每天去森林中散散步,或者驾着游艇在伊利湖上钓钓鱼,是一种难得的享受。

而麦金也承认,促使他买这两套房还因为其价格实在让人难以抵挡。这几套房子的价格几乎是金融危机前的 1/3 到 1/4。在金融危机前,让麦金一下买这么多房子,是他想都不敢想的事。为支付这几套房子的购房款,麦金和妻子变现了部分金融投资,并出售了他们收藏的一幅油画和一件雕塑艺术品。

尽管麦金可以贷款,但他还是决定使用现金。他说,如今申请贷款不像以前那样便利了,而且在艺术品市场减持的当下,刚好变卖掉收藏品,同时以低价买房。

热衷于购屋置业的美国朋友们都非常乐观地预测,美国房价经过 2011 年的下跌后将会回暖升温。麦金笑着对我说:"嗨,Simon,你别以为我们都是傻瓜。其实我们都是在和你们中国人学。你看看如今的美国,华裔在抢购房子,从中国来的投资人也在抢购房子,有他们在,房地产市场迟早会好起来。我相信你们中国人的直觉!"

华人的直觉

是啊,正如麦金说的,如今的美国华人也都在跃跃欲试,准备投资房地产。在华人圈里,我还听过这样一个故事。华人老白和小洪是好朋友,都想买房。小洪看中了一处房子,向老白炫耀。老白则倚老卖老,从各个方面否定小洪的观点,把那处房子贬得一无是处,还说小洪眼光太差。结果,老白在探清小洪的底价后,加价出手。最后,房子归到了老白的名下。这个故事听起来可能有些残酷,可是在如今的美国,金融危机后,华人圈最热门的事就是争购房地产。

接下来,让我们看看几个美国华人的购房经历吧——

"你有20多个竞争者"

如果不是奥巴马上台后为应付金融危机施行的刺激计划,罗友朋买房还遥遥无期。10年前罗友朋只是去美国做访问学者,原本他是准备几年后回国的。谁知妻子带着孩子跟了过去,于是他们一家只能在那里定居。

过了近10年租房生活后,他实在熬不过妻子枕边的唠叨,于是把买房的事情全权交给妻子决定了。一天下午,妻子看到了一幢刚上市的二手房,马上和兼职房地产经纪人的同事约定,并电话通知罗友朋下班看房。房子坐落在市区,有50多年历史,是带有前后院的一层楼别墅,与罗友朋的要求有很大的差距。罗友朋为了省却前后院的劳动,希望买一个较新的联体别墅。按照他的观点:只有房子服侍人,哪有人来服侍房子的呢?

但此房的地理位置极佳,加上居住在白人区,安全性好。更重要的是价格实在太诱人了,就和地价一样,这就是说地上的一幢房子等于白送,房主等于卖地了。原来房主是个近80岁的老太太,在外市有自己的地产,没时间和精力打理这套房屋,于是低价出手。

经纪人说:"这房子肯定有很多人抢着要,你根本没有讨价还价的时间,不如多加点钱立刻签协议吧。"于是在妻子和经纪人的坚持下,罗友朋同意加价购买。当天晚上双方就在交易意向书上签了字。

根据惯例,罗友朋请专家对房屋状况进行检查。没想到结论是这幢房屋有明显的缺陷,里面需要修修补补的地方不计其数。"我去和对方的经纪人交涉,要求他们赔偿。谁知道他们不肯,还说如果我不想买可以退房,押金全数退回,一分不少。"罗友朋说。

最后双方还是交易了。交割文件办理结束后,对方经纪人对罗友朋说:"罗先生,你很幸运,你有20多个竞争者,不少是你的同胞。他们很多人出价都比你高,但是你动作快,这幢房子现在归你了。"罗友朋这时才知道为什么原来的房主当初态度那么强硬。同时他也暗自庆幸,还好当初没有犹豫。

房地产业的华人都发了

家住休斯敦的房产中介丁瑞到美国已经多年,他对记者说:"美国佬的银行账户很少有超过全家外出一次旅行的积蓄。那点买房的鼓励措施对老美而言基本上就是杯水车薪,但对在美国的华人而言,就像天上掉下了一块大馅饼。"

两年前,丁瑞考出了房地产买卖执照,那时他的客户很少,这份工作只是他的兼职。

到了今年,形势突然变了。丁瑞一下忙了起来,登门要求看房买房的客户络绎不绝。他的本职工作只能在周末或者晚上加班完成。丁瑞现在最常干的事情是开着自己的旧车到处带人看房。现在他是所在房地产公司的首席业务员。

"前不久,白人老总还让我在公司大会上进行'如何为顾客提供良好服务'的专题讲话。我能说些什么啊,只不过是因为华人买房的多了,找我的人也就多了。"丁瑞一边说一边不好意思地笑了。

各民族都有一个通性,那就是民族聚集。华人买房自然找华人房地产经纪人;装修自然找华人的装潢公司;买家具自然去华人开的家具店,所以最先发财的就是他们。

丁瑞说他的同行中有人在不到半年间就把车从本田雅阁换成了宝马。

搞装潢和建筑服务的华人现在业务多得根本忙不过来。移民美国多年的李可,今年终于买了属于自己的房子,由于装修质量问题,他多次打电话找承担装修的公司,对方一直都没有时间再次上门。

"没办法,我只能去建筑商店买材料,自己动手修补。"李可说,"那些专给房屋杀老鼠和蟑螂的华人也一样,接订单时都说没问题,真找到他们时回答都是忙。"

中国人开的家具店也跟着沾了光。休斯敦中国城地理位置不佳,但是从今年开始,那里的席梦思专卖店开始了不降价、不促销的"双不"策略。同时中国城周边的商用房价也被带了起来。

丁瑞说:"中国城的商业用房价格在金融危机里不降反升,现在是民用房的10倍有余了,这在美国是极其罕见的。"

丁瑞有一个熟人,一年多的时间里,约他看了60多套房子,但房子不是这里让她不满意,就是那里让她不舒服。最后丁瑞实在没时间伺候,只好请她另找

经纪人。

"我能理解她,我们这个年纪的人存下一笔钱不容易,房子是关系到中国人全家幸福的大事。他们一定是慎之又慎的。"丁瑞在他的讲座上如此对其他白人同事说。

可惜谨慎有时反而会让人错过机会。丁瑞私下里告诉记者,他那个熟人最后买下的房子不是她最喜欢的,她最满意的其实是看过的第二套房,以后也有许多房子比她现在买的好,但是都错过了。

"不买房没法活了"

8年前,裴益华带着怀孕的妻子去美国读博士,一家人靠奖学金艰难度日。3年前裴益华博士毕业找到了一份助理教授的工作,他带着妻子和两个孩子匆匆上任了。

由于多年来没有什么积蓄,所以他们选择租房住。通过互联网,裴益华找到了离单位较近的一幢公寓,价格也不贵。他在网上支付了押金后就入住了。

"我说怎么会那么便宜呢,因为那是一个黑人社区。"裴益华回忆说,"自从住进去后,我就不自在。总感觉邻居拿异样的眼光看着我们。"

"我去洗衣服时,不知道他们是有意还是无意,反正不是占着洗衣机,就是占着烘干机。"裴益华的妻子补充说。

裴益华每次开车上班前,都要先检查一下车轮前后有没有钉子,因为"总是有人故意撒钉子"。裴益华说这段往事时,透着颇多无奈。

糟糕的事情还在升级。一次他们全家回来,发现门被踢破,一扇玻璃窗也碎了。此后,裴益华一家开始学习诸葛亮用起了"空城计":一家人出门后,家里不再关灯,让小偷以为家里有人而不敢进入。

让裴益华决定买房的最后一根稻草是他的旧车被偷。报警后,警察根本没当一回事。一个礼拜不到,警察局通知裴益华说车子找到了,但他拿回来的这辆车已经面目全非:音响没了,CD播放器的位置只剩下一个大洞。

一俟租房合同到期,裴益华就把续约表格扔了。他匆匆看了一处市郊的房子,签订了购房意向书。由于裴益华没有太多存款,首付较少,所以他的房贷利息较高。即便如此,他也绝不回头。按照他的说法就是:"不买房,我们全家就没法活了。"

为孩子上学而买房

Claire Wang 20 世纪 80 年代中期就在洛杉矶东部哈仙达岗的一幢独栋房里定居了。因出入十分方便，所以一家人在那里一住就是 20 多年。

2011 年年初，Claire 突然决定要换一套独栋房住。房地产经纪人推荐了很多套房，都被她否决了。经过了半年的精挑细选，最终她自己选中了一幢面积大约为 223 平方米的独栋房，带花园和车库。尽管房子很好，但成交价 60 多万美元（约合人民币 410 万元），大大高于同期同城市其他成屋的价格。

Claire 对记者解释说："虽然我是个药剂师，薪水不菲，但我并不是冤大头。我愿意花高价买这房子是因为这里离我儿子就读的中学很近。"而且，加州房地产已经开始出现回暖的迹象了，Claire 买的房子也涨了，她赶上了一个购进的好时候。

中国人的又一波抢购狂潮

美国华人在疯抢房产时，也有不少有投资眼光的中国人已经不声不响地开始了收购美国房产的脚步。

我认识一位刘先生，其在美国的华人圈非常知名。他目前是美国租住公寓楼的最大买家之一。他的一个惊人之举是，在 2010 年用 4.8 亿左右美元买了约 8000 套公寓。他最近做出的一笔交易是，其公司 Standard Portfolios 支付了约 1.33 亿美元现金买下了凤凰城地区以前属于加州 Bethany Group of Irvine 公司资产的 7 座公寓楼，并为后者承担债务。

而刘先生的美国顾问奥斯古德说，刘先生的资金来自其中国项目，他在北京等城市拥有数套公寓及多个商业地产项目。据奥斯古德说，刘先生在 2009 年末创立了 Standard Portfolios 公司，不久就开始大量购买美国住宅楼。其在美国的房产投资曾长期局限于一些生地。刘先生是在他 50 多岁时，也就是 10 年前移民到美国，并在美国安家的。他与妻子在洛杉矶郊外有一套房子，他常常往返于北京和洛杉矶之间。

刘先生预计近期的高房屋止赎率会使得更多承租人进入租赁市场，并有助于稳定房产市场，即使是在凤凰城这样遭受打击最严重的地区。他希望继续这种购置活动，尤其是在美国西部，他想要的是规模。

在凤凰城交易中,刘先生以相对较少的现金实现了规模化。受聘协助凤凰城房产购买交易的公寓住宅投资银行机构 Hendricks&Partners 合伙人佛雷斯特说,刘先生付了大约 1300 万美元现金,并承担约 1.2 亿美元左右的债务,这些债务被重组为交易的一部分。负责这桩交易的管理方 Trigild Inc. 的霍夫曼说,刘先生还提供了 175 万美元不可退还的押金,这笔资金帮助他赢得了竞标。刘先生通过某些方法获得了颇为公道的价格,每套房均价在 4.8 万美元,远远低于 2007 年 7.8 万美元的单价。

一些分析师预计会有更多的中资银行和机构追随像刘先生这样的投资者的脚步。

美利坚魅力何在?

为什么这么多人在美国金融危机后,经济尚显疲软,房地产业还未恢复元气之时选择投资房地产呢?我认为可以归结为两点:一是稳定性,二是必需性。

何为稳定性呢?在之前的章节中,我向大家介绍过,在美国投资房地产,不单单购买了房屋,也购买了土地。在美国拥有房产的同时是拥有土地的,它的永久产权保护土地、地面上的地产以及地上地下的自然资源,包括矿产、石油等等。在美国的私有产权独立永远持有,没有任何的开发限制,如果地是私人的,政府不得干预。

在这样的法律下合法获得的土地,可谓是稳定到不能再稳定,相对于中国的土地产权所有制度,美国的房地产更让人放心。一块土地,一处房屋,不单单是这一代投资人的家园,也将是可以传给子孙的家族财富,这对于喜欢为子孙谋划的中国人来说,简直是不可多得的。

另外,由于美国政府经常出台调节房产税的政策,使得美国房产的租售比(租售比,一般情况下指房屋租金与售价的比例;通常我们所说的租售比,是指每平方米建筑面积的月租金与每平方米建筑面积的房价之间的比值,也有一种说法认为是每个月的月租与房屋总价的比值。房屋租售比这个概念是国际上用来衡量某地区楼市运行是否良好的指标之一,国际标准通常为 1:200 到 1:300)维持在较低的稳定水平。相对于中国一些大城市动辄 1:300、1:400 的租售比,美国的租售比算得上非常正常,毫无泡沫可言。

事实上,在欧洲的多数国家,多少年来租房者和拥有住房的比例都是一半一半,大城市的租房比例则更高,像德国,更有高达57%以上的人一辈子租房而住。即使在地广人稀的美国,在次贷危机爆发之前,拥有房子的屋主数量破了历史最高纪录,可依然有超过33%的人租房而住。

在欧美,租房而居还是买房自住,对大众来说只不过是不同的生活方式选择而已。无论在理财上还是其他方面,并无优劣之分,所以不少租房而居的人为投资房地产业的业主们提供了一份稳定的房租收入。可以说,在美国投资房地产,是一种相对而言比较稳健和可靠的投资方式。

那么,美国地产的必需性又体现在哪里呢?"居者有其屋",不单单是中国人的愿望,也是人类的共同需要,即使是生活在热带地区的土著居民,尚要建一处遮风避雨的草棚,就更不必说是生活在文明国度的美国人了。在美国人看来,拥有一处装得下一家人的房屋,是"美国梦"的体现。房屋、汽车、修剪整齐的草坪,这不都是"美国梦"的具体组成部分吗?相对于房价较高的中国,美国的房价并不高,利率也很低,所以拥有一处房产在美国并不是高不可攀的梦想。在美国,自住房的比率非常高,基本维持在63%—65%之间。

一对中国的新婚夫妇,如果买不起房子,可能会与父母合住。而在美国这个强调个人奋斗与独立的国度,这是不可想象的。对于美国人而言,房子不但是"美国梦"的一部分,也是实现个人独立的标志。低房价、低利率也使得美国人愿意买房子,视房产为必需品。

有了上述两条作为保证,可以说在美国投资房地产,是一个相当稳健的投资方向。另外,我更愿意向大家介绍一下美国的商业地产。

拉斯维加斯,建于1854年,是美国内华达州中一座建在沙漠上的城市。现在一提到拉斯维加斯,很多人第一个想到的词就是"赌城"。不可否认,博彩业的确是拉斯维加斯的支柱产业之一。可是拉斯维加斯也是一座旅游城市、会展城市、世界知名的度假地之一。在这个沙漠环绕的地方,所有的注意力都集中到热闹非凡的拉斯维加斯大道(Las Vegas Strip)上,据说世界上10家最大的度假旅馆有9家是在这里,其中最大的就是拥有5034个客房的米高梅大酒店了。大道两边充塞着自由女神像、埃菲尔铁塔、沙漠绿洲、摩天大楼、众神雕塑等雄伟模型,模型后矗立着美丽豪华的赌场酒店,每一座建筑物都精雕细刻,彰显出拉斯维加斯非同一般的繁华。

时至今日,拉斯维加斯会展场地超过970万平方英尺,会展客流达至10万人次,已连续 14 年被列为全球第一大贸易会展目的地,堪称全球闻名的会展之都。数据显示,拉斯维加斯每年举办各类会展 2.2 万次,吸引访客 600 万人次,经济收入超过 80 亿美元,解决直接就业人数逾4.6 万人,间接就业岗位 2.9万个。

拉斯维加斯电子消费品展在全球同类会展中位居第一,也是北美地区最大的年度贸易展销会。2009 年,有来自 100 多个国家和地区的 2700 家厂商参展,其中 300 家第一次参加,展销新品逾 2 万件。会展期间,宾馆入住率和房价也比平时高出许多。

拉斯维加斯会展业业绩骄人,与其一流的会展设施密不可分。全美十大会展中心有 3 家在拉斯维加斯,200 强会展中有 44 个在拉斯维加斯举行。拉斯维加斯会议中心、曼德勒海湾会议中心和沙地会展中心会展面积分别为 200 万、150万和 225 万平方英尺。其中,拉斯维加斯会议中心面积 320 万平方英尺,拥有 144 个会议室,容纳人数为 2500 人,每年接待参展人员 150 万人,经济收入25 亿美元,是全球最大的会议中心之一。著名的拉斯维加斯电子消费品展、拉斯维加斯汽配展等全球影响较大的贸易展每年都在此举办。

这样一座城市,蕴藏着巨大的商机。1990—2000 年这 10 年里,拉斯维加斯的人口增加了 80%,目前已经达到约 190 万人。这 10 年是拉斯维加斯从赌城向旅游之城、会展之城转变的关键 10 年。在这 10 年中,有多少精明的商人把资本投到了拉斯维加斯的地产业中。到了最后,他们也获得了丰厚的回报。现在的拉斯维加斯,投资地产业,拥有酒店、商铺或者会展中心的商人,无论从哪方面来说,都是成功的。实际上,他们在拉斯维加斯向我们证明了:投资美国的商业地产是小投入、高回报的。

我认为,置业美国作为一个好的投资方向值得我们去探讨和思考。而在美国房价一跌再跌、几近谷底的今天,我们应该积极利用这个利好的投资渠道。置业美国已经不能仅仅停留在计划阶段了!中国人常说,做事要天时、地利、人和,三位一体。如今的美国房地产业处在这样一个局面中:美国房价持续下跌,美元继续贬值,人民币不断升值。这样三位一体的组合,千载难逢。现在不少手持现金的美国人在抄底美国的房地产,一向以精明著称的美国华人也在不断吃进房产,还有更多如刘先生这样的先行者在美国投资发展,我们如果还不行动,将与这个非常难得的投资机会失之交臂!

第八章

Hello，美利坚！

赴美之前

如何写招商书

近些年来,我接触过国内很多省、市的招商局,看到过很多的招商书。这些招商书都是当地政府花了很大的精力和资金组织撰写的,借此向来访的外商推荐各种商业项目,但是这些招商书的意义并不大,或者说实际作用非常小。如果你仔细看一下,就会发现这些招商书大同小异,基本上就是一些潜在项目的文字罗列。尽管看上去厚厚一叠,但是对于到访的想真正做生意的外国人来说,这些信息基本上没有太大的参考价值。

这些招商书给人的第一印象就是,项目的专用术语引用很少,其编写显得不专业。再者,没有按照国际招商或国际融资的要求及规定内容来制订。特别是有些省级政府和地方集团公司做的招商书,资料中往往缺乏有力的数据,空话太多。在项目的前景分析中,收益说得很多,风险讲得很少,而且两者都缺少严密的科学论证。此外,英语表达不够准确。我曾经看过某个城市的项目招商书,一个小小的段落中竟然出现了 5 个拼写错误,这样的文字资料能给外商们足够的信心来投资百万美元吗?我们有些企业,明明有着很好的项目,但是他们却不知道如何把这些项目包装成为外商能够认同的文字说明。

美国是一个注重投资的国家,是世界金融中心。但是对中国的投资,相比美国对欧洲、日本以及其他地区的投资来说,还相距甚大。为什么呢?这在很大程度上是由于他们对中国缺乏了解,对中国还存在诸多疑虑。

我曾经看到过一位中国的老总拿着两张复印纸来找美国人谈一个特别大的项目。他还煞费苦心地找人把这个翻译成了英语。当美国人拿着这两页纸时,简直是瞠目结舌。如果你是美国人,你作何感想呢?这个中国的 CEO 拿着区区两页纸就想融资几千万美元,简直是天方夜谭!

成功的海外招商与融资，需要我们懂得海外招商引资的规矩。那么怎样来做这个招商书呢？我来教大家一招。

第一，我们为什么要招商？招商项目的根本价值在哪里？

在今天的商业环境中，任何一种商品及服务，都必须具有市场价值。对于投资者来说，他们投资是为了追求最大的回报。对于客户来说，商家提供的服务及产品是否具有真正的价值非常重要。这是任何一个招商引资项目成功的关键所在。曼库索博士曾经在演讲时多次向中国的听众们提问，他所问的问题是：当我们经营某项生意时，请大家列出最重要的一个因素，从而使这个生意能够获得真正意义上的成功。我们从中国听众中得到的大多数回答是：资金、人才、管理、政府优惠政策等等。而曼库索博士的答案是，虽然那些因素都是重要的，但是做生意成功的一个最根本的决定因素就是"谁是你的客户"，你的客户的需求是什么？因此我们招商书最根本的内容应该围绕客户的需求来撰写。

第二，我们招商引资的优势在哪里？为什么我们的项目最值得外商来投资？

尽管我国各省、市地方政府在对外招商书中，都包含有市场分析或预测的内容，但我见到的国内各地项目招商书中，有关市场的分析和预测，绝大部分是对市场笼统的静态分析。往往还有一些招商书夸大对市场的形容，夸大未来的经济效益，没有经过系统、严密的市场调查，缺乏完整、科学的数据分析。投资者们对市场的分析和评估极为关注，因为市场分析是否准确，将直接影响到他们投资后的经济效益和预期战略目标。

第三，我们的招商引资项目是否经得住时间的考验？

在今天的市场环境中，竞争异常惨烈，科学技术呈爆炸式的发展，各种产品及服务层出不穷，稍不留神，你的产品及服务即可能成为竞争中的淘汰者。这种例子，无论是在中国还是在美国，比比皆是。事实上，投资者非常注重投资的时效性，因此，我们在招商引资的进程中，特别是在我们的招商书里，必须对此作出客观明确的分析及评估。这不单单是对投资者们负责任，对于我们招商者本身来讲也大有裨益。

第四，我们要真正搞清楚中国及海外的资产及财务分析的方法及程序。

在我们的招商书及商务计划书中，金融及财务分析是我们最薄弱的一块。我们在金融及财务上的理解，往往与投资者所习惯的方式大相径庭，我们常常看到海外投资者会不断要求中方出示这样那样的财务报表或有关的资料，中方也尽力而为了,但是,最终中方所提供的财务资料往往难以符合投资者的需求,从而导致双方的合作终止。这种例子我本人也曾经历过数次。2005年,我曾试图帮助一家中国传媒公司拍摄电视剧,一切准备工作非常顺利,包括电视剧的脚本、制作团队、详细的市场分析等,而且中方也提供了一份商业计划书。来投资的美方也作了大量工作,包括风险投资公司的介入,但是最终所有的一切努力都化为泡影,其中最主要的原因是中方无法拿出美国投资者可以理解并能够接受的一份财务分析报告。双方在反反复复的沟通过程中,情绪变得越来越激动,最终结果与双方合作的预期背道而驰,只好结束合作。

我的建议是:我们要进行成功的招商引资,在操作过程中,某些环节必须借助专业人士来完成。投资分析是专业性极强的领域,在这一方面,我们需要利用专业人士的专业知识,把我们的投资预期与财务安排描述得清清楚楚。需要强调的是,要运用专业的英文表达出投资者可以理解的信息。这里边会牵扯到翻译费用问题,但是这笔钱往往节省不得。

总而言之,招商引资本身就是一个复杂且极富专业性的系统工程。我们必须做到有计划、有系统地利用各方的专业资源来配合我们完成招商引资的工作,这样我们才能够事半功倍、圆满地完成招商引资。

此外,我们从书店或者网络中都可以搜寻到很多招商书的样本,样本可以给我们提供一些形式上的帮助,但是归根结底,我们必须回答或讨论以上提出的问题。只有说服我们自己以后,我们才能去说服投资者。

最后,我还要不厌其烦地强调一下,做招商书的时候一定要注意,不论多么有潜力的项目,外国人都喜欢你用数据来作论证,而不是我们习惯地用优美的文字来进行描述。正式的招商书上不要出现拼写和语法错误,老外对这样的低级错误特别反感。

了解你的伙伴

我见过并陪同过的外国商务团不计其数。一个个看上去都很像那么一回事,然而依据我多年的经验,并不是来中国的所有老外都有真正的投资意向,有不小的一部分人其实是冲着中国的美景和美食来的,有少数一些人甚至是冒牌的。

有一次,我在沈阳碰到一位人物,据说来自美国一家很大的投资集团,自称掌握着数亿美元的资产，但是我在跟此人的交流中，发现他防范心很强，居然不懂英文，而且名片上美国的地址都有拼写错误。因为是偶然结识，我也没有深究这个人的真实度，但是，我至少会质疑这样的投资集团代表是否值得我们信任。

要知道在中国，外商投资是一块金灿灿的招牌，在一定程度上能够享受到优惠的政策。所以，如果有外商告诉我们国内的一些企业家说，他要和你做生意或者向你的企业投资，很多人往往会因为太过兴奋而少了与国内企业做生意时的谨慎。事实上，这些人的具体来历需要我们的招商部门去深入调查，因为这些人中有很多完全是在自吹自擂，根本没有实际的资金实力。

曾经有一个美国的老先生，自诩为美国加利福尼亚州的酒业大王，声称要在中国投资引进加利福尼亚州的葡萄酒，并且帮中国当地的葡萄酒打入美国市场。此人的确对酒业十分了解，他的动议得到了中方企业的热烈响应，并且积极地要对此进行投资。当我闻知此事，就对这家美国企业做了一番背景调查，结果发现，该企业在加利福尼亚州经营不善，濒临破产，根本不可能拿出资金与中国的酒业公司合作。这个美国人只不过想导演一场空手套白狼的好戏而已。我的介入为中国的企业避免了至少100万美元的投资风险。所以我们中国企业一定要了解这一点：如果美方企业是一家破产企业，当这家企业与中方企业进行合资的时候，根据美国的法律，此种关联的股权结构，有可能将破产所带来的损失追加到中方的投资人身上。

我们大家必须认清一个事实，这也是我在此要强调的：那些经常来中国的老外并非都是真正的好的生意伙伴，有些可能只是他们国家的末流货色；而那些真正具有良好素养的老外，绝对不会轻易要求你陪吃、陪喝、陪玩。

在国内很多人的观念中，觉得美国人和美国公司都是非常讲究信誉的。这样的印象总体上没有错，但是任何事情都没有绝对。在与外方人员的接触过程中，我们要谨记美国人里面也分三六九等，并且各自有着不同的文化背景。令我惊奇的是，即使同在美国的同一个族裔群体的不同人做事方法都有差异。

这几年来，欧美的商业结构发生了一些变化。某些公司倒闭的速度甚至与成立的速度一样快，就连很多大公司都逃脱不了倒闭的厄运。在这种情况下，与来自海外的公司合作，进行初期调查是非常必要的。

中国有句俗话："害人之心不可有，防人之心不可无。"大家要养成这样一个习惯：跟老外第一次做生意时，要设法搜集他的一些个人资料，以备不时之需。

有些上当受骗的国内企业其实也曾怀疑过这些"外商"的身份,但他们担心,万一要求对方出具银行证明、注册文件、纳税记录单等文件,可能会得罪外商;还有的经济开发区为吸引外商投资,明文规定注册登记不查背景资料,以"提高工作效率和服务水平",来者不拒。

其实,真正要来投资的外商是不会忌讳出具任何证明的,这是国际商业惯例。大公司要找合作伙伴时,一定会请律师备齐所有文件,合作方在看了这些文件之后,如有任何疑问,还可以再要求对方进行说明,如果还是存在疑问,就会委托资信调查公司进行调查。外商是看好商业机会和商业利润来投资的,与查不查他的背景没有关系。如果因为要求出具证明文件或进行背景调查就掉头走了的外商,基本可以认定是骗子或对方缺乏实力,得不得罪一个骗子有什么关系呢?

所以,在和外商谈大笔投资之前,不妨找一家信誉较好的资信调查公司,去调查一下对方公司的真实情况。

那么何谓"资信调查"呢?资信调查,又称信用调查,是指律师接受当事人的委托,对当事人指定的有业务关系的企业的规模、资产负债、信用状况、社会评价、出资人情况等进行调查并出具专业报告书的一项法律服务。资信调查的首要目的在于保证正确决策,最终目的则在于防范风险,避免无谓的失误和损失。

据我所知,资信调查的概念引进国内才15年左右的时间,除了与国外企业接触频繁、接受新生事物较快的一些外经贸企业外,绝大多数国内企业还没有做过资信调查,或者根本未曾听说过。其实,这样的调查对那些真正想要投资的老外来说是很平常的事情,这是合作双方互获利益的一个保证,而且这些调查都是合法、公开的。

下面,我告诉大家关于资信调查的一些基本途径:

(1)直接向授信者索取。

(2)向行业协会、商会、驻外经商参处等机构索取资料。

(3)向银行查询。

(4)向政府有关机构查询。

(5)向与授信者有密切关系或业务往来的客户(包括进货商及销售商)查询其信用口碑、付款情况和负责人品格等情况,但应注意分析被调查人的立场,以防止偏袒或诋毁授信者,造成授信者决策的偏差。

（6）委托专业资信调查机构调查。

在资信调查这方面，我并不是专家，在这里也只是点到为止。如果您觉得过于麻烦，我告诉您一个简单的方法：美国有一家著名的调查公司，叫 Dun $ Bradstreet（邓白氏咨询公司），只要您一个电话，就可以查出所要合作公司的情况。

再一次提醒我们国内很多急于招商的 CEO 们，在行动之前一定要准确判断未来的合作伙伴，不要在这些方面受骗上当，遭受不必要的损失。

赴美之旅需要一位好翻译

我人生的第一份工作就是当商务英语翻译。那时候，我刚刚毕业于北京第二外国语学院，由于是当届最优秀的学生，被中信集团看中，受聘为当时的掌门人荣毅仁老先生的翻译。我聪明、口语又好，很受荣老先生的赏识，他时常把我带在身边，说要锻炼锻炼年轻人。这个时候的我觉得翻译这条道路非常光明璀璨，然而人生的转折点也就出现在这个时候。

有一次，荣老先生去参加一个活动，我照例作为翻译跟随。吃饭的时候大家有说有笑，气氛相当轻松，可没有想到的是，饭局吃罢，屏风一撤掉，外面居然呼啦啦一大堆世界各国的记者，现场直播！荣老先生早已习惯了这样的场面，片刻的不适之后便进入了角色。谁也没有注意到，此时的我心中非常忐忑不安！刚毕业没有多久，第一次遇到这样的场面，心里能不紧张吗？！更何况荣老先生平时就喜欢在无锡话、普通话和英语三个"频道"上转换，平常在我心平气和的时候，琢磨琢磨也就能明白他的意思了，但是在这样紧张的气氛中，真有些不知如何应对了。

然而事与愿违，荣老先生张嘴就来了句："各位好啊，因为好久没有讲了，我的英语已经'拉斯蒂'了。"我的脑子嗡的一下，懵了！"拉斯蒂"！什么话？英语？无锡话？普通话？……同事在下面喊我："rusty！rusty！"可是本来已经很紧张的我，这个时候根本顾不到旁人了，脑子里一片空白，结结巴巴、脸红耳热地做完这场翻译，过了这么多年我一直都不知道那天除那个"拉斯蒂"之后还翻了一些什么。

事后，荣老先生并没有严厉地批评我，反而安慰道："没关系，你们年轻人要多学习。"我在懊悔之余，心里极端地痛苦。直到今天想起来，心里还是有点难过。其实荣毅仁是一个非常讲究场面、讲究礼仪的人，但是在那种场合下，我却没有给他争得荣誉。这件事情也成为我翻译路上的一个转折点，促使我一定要去美国再学习。

我的切身经验告诉大家，翻译工作十分重要。不要以为记住所有的单词就足够了，还必须要对你翻译的服务对象有更多的了解，以及更多地了解你所要使用的这种外国语言的文化和背景，所以我去了美国，而且一待就是十来年。

事实上，对于招商引资工作来说，语言是一个非常重要的元素。在中国，英语不是本土语言，很多国内的 CEO 和政府官员不懂英语，在这种时候，英语翻译显得尤为重要。而很多年轻的翻译人员，往往根本不懂老美的习惯，翻译的很多都是 Chinese English。我亲眼看到某些中国公司的招商书，设计、纸张都相当漂亮，但是一句英文里面有三个错误，老外对此印象非常差。

不要以为我是在危言耸听，举个最简单的例子。在国内，不论是街道的广告、招牌，或是电视、报刊，多是中英文并用，稍加留意就会发现其中有不少中英文对照风马牛不相及的笑话。最扎眼的，恐怕当属公路上的交通标志。香港的报纸上曾经有过一篇这样的报道，说的是一位外国友人，在北京正赶上急事去飞机场，在公路旁的标志中先看到"保持距离"的标记，上边的英文是"Keep Space"（实际应为 Keep Distance）；然后看到出口的标记，这回英语单词没拼错，可就是看不到出口的地名，在转到高速公路的入口处，找到了"机场高速"的标记，不过惨的是上边没有"南"、"北"的指示；最后，终于看到"机场方向"的方块字下，写的是中国式的英文"Direction of Airport"（准确的应为 To the Airport），让这位老外真是丈二和尚摸不着头脑。

我是英文专业出身，并且在美国待了十多年的时间，深深体会到中文和英文这两种语言的表达习惯有多么不同。很多事情，特别是在商务方面，在这两种语言的互译过程中，如果对背景和相关情况缺乏了解，就经常会发生误解和偏差。而这样的误差，往往会给双方造成更大的交流困难。

我结识了很多国内企业的老总和政府官员，在与老外做生意时，由于翻译上的不准确，尤其是在职务方面，给外宾带来了巨大的困扰。比如，我们有些城市的市委书记，他们名片上的职务很多都翻译为英文"Secretary"，这让他们在跟老外接触的时候，开始往往只能得到跟秘书一样的待遇。又比如，区长实际相当于北美的 Borough President，我们却译成 Director。再比如，我们的干部，经常译为 Cadres，在老美的心中，这是一个非常奇怪的词，他们根本搞不清楚 Cadres 到底是什么。还有，法人代表，我们大多翻译成 Legal Representative，而这个词在英文中的含义和我们所谓的法人代表的意思是大相径庭的。

另外，不管我到任何地方，在翻译中经常会遇到这样的问题：我们的领导在介绍以下的词汇"三通一平"、"三减二免"时，谁也没有意识到这种中国式的语言我们的老外听众能够理解多少。我所遇到的大多数翻译人员对这些意思的传达，要不就是含糊其辞，要不就是按照字面意思翻译 "Three Reductions, Two Cancellations"，这样的说法只会让老外摸不着头脑。

甚至中国的土地计量单位换算成英里或者平方米，也给老外带来巨大的困惑，到最后，老外始终不知道土地面积到底有多大。其实对于欧洲人来说，平方米和平方公里的概念要强一些；而对于美国人来说，连平方米和平方公里的概念也模糊，他们最清楚的还是英亩。

而且我还经常遇见一些翻译人员，他们看起来似乎翻译得很顺畅，但是在关键的事情上却总是出错，比如说数字。他们经常把中文的数字和英文的数字混淆，例如把 2 亿翻译成 20 亿，把 20 亿翻译成 2 亿等。

在我们与外国人打交道的过程中，一名好的翻译可能是双方达成合作的关键因素。这一环节，很多时候都没有被我们的政府部门和企业充分认识到。有些领导主观地认为某个懂中文和英文的人就可以传达他的意思了。事实上，一个外语学院的毕业生没有经过若干年的锻炼是不可能做好翻译工作的，就像我刚毕业时一样。

中国有上亿的人在学英语，甚至超过了以英语为母语的人的总数，但是真正可以熟练准确地运用这门语言的国人是少之又少。作为一名专业翻译，我们应该意识到，仅会英语是不够的，对英语、商务和服务对象所要表达的内容都有相当的了解，方能胜任这个工作。

目前中国关于英语的评级制度，很容易让用人单位莫衷一是。我们不否认翻译人员的应试能力，但是通过专业英语八级并不代表他能在工作中正确地运用这门语言。我曾经遇到过好几个通过英语八级考试的应聘者，自豪地展示了他们的八级证书，然而当我对其进行工作能力测试的时候，却发现这个八级的水平距离工作要求真是天差地别。所以，我再次提醒我们的政府和企业，在翻译这件事情上面千万不要马虎和省钱，至少要找一个对商务和外国语言背景都有

相当了解的人。

不要戴着有色眼镜看老外

中国人对外国人的称呼,有一个"夷—洋人—洋鬼子—外国人—外宾—老外"的演变过程。这一过程也反映了中国人对外国人态度的转变和对外国人认知程度的加深。改革开放之初,外国人被称为外国人。紧闭国门几十年,突然打开国门,对于走进墙里的高鼻子们,无论是中国的百姓还是官员,都对他们抱有好奇和戒心,于是好恶倾向不甚明显的"外国人"成了他们统一的称呼。

还记得20个世纪70年代,我第一次和老外交流。在那场交流中,围观的不光有群众,还有警察同志。那是一位英俊的美国小伙,他主动跟我打招呼:"Do you speak English?"我兴奋异常,因为他居然听懂了我这个老外在说什么。不过可惜的是,因为我太兴奋,以至于第二个问题他没听懂。不过这不要紧,因为我为了能和老外交流,已经把一份英文的自我介绍背了无数次。这一次,我的自我介绍总算是派上了用场。美国小伙听了之后非常高兴,也开始了自我介绍,还特意放慢了语速。这真是一次愉快的交流。当两个人道别后,我被在一旁等候了很久的两位便衣同志拉到了一旁,他们有些紧张地盘问我和那个高鼻子到底说了些什么。在那时候的中国人看来,"外国人"都有些间谍和破坏分子的嫌疑。

外国人都是坏人,这是那个时期的有色眼镜。

后来随着外国投资的涌入,越来越多的外国人怀揣美元来到中国。从那时起,这些在赚钱之余客观上为中国的建设出力不少的外国人,升格成了外宾。在中国的很多城市,他们往往会获得贵宾一样的礼遇。他们也享受着超国民待遇。在他们眼里,中国人太好客了,太热情了。其实,这何尝不是一种有色眼镜?在我们看来,外国人都是诚实守信、风度翩翩的商人。殊不知,外国一样有骗子,一样有道德败坏者,一样有游手好闲、不务正业的"二流子"。

我想说,一厢情愿地认为外国人都是好人,这又何尝不是一种有色眼镜呢?

2010年12月22日南方网报道称,一名外籍男子在广州搭乘地铁用不雅言语和手势羞辱挑衅乘客,并将一名劝架女乘客手机打落,最终引起众怒,遭到"修理"。

据目击者说,当日下午3点多,这名外籍男子从五羊新城搭乘地铁,经地铁口安检时,放在行李箱里面的一把刀被安检工作人员没收。外籍男子对此大为不满，并与安检工作人员发生争执。之后，这名外籍男子满身酒气走进地铁，口中一直在骂骂咧咧，随后与一名乘客打了起来。因发生冲突时地铁屏蔽门还没关上，地铁工作人员急忙过来将乘客带下车，但骂人挑衅的外籍男子仍然留在车上。等到列车开动，这名外籍男子又开始胡乱地骂人，车厢里的乘客为避免与其发生冲突，大都背过身不予理睬。

当列车快到淘金站时，外籍男子站着叉开双腿，挥起手臂，竖起不雅手势，接连不断用中文爆粗口，羞辱挑衅车厢乘客。这时候，一名女孩走上前，劝慰外籍男子，但外籍男子猛然将该女孩的手机打落在地。

外籍男子打落女孩手机的举动，引起乘客极大的愤怒。数名乘客一拥而上，群起而攻外籍男子。乘客愤怒的拳头打在外籍男子的头和背上，围殴持续大概30秒。原本还站着骂人的这名外籍男子，弯腰双手遮头，躲避拳头。这时候，列车驶进淘金站，列车门打开后，几名地铁工作人员进行劝阻。随后围殴终止，这名外籍男子提起行李箱自行下车离开。

看到这则消息，我除了为那个闹事的外国人感到羞愧外，也感到很欣慰，因为经过了30年改革开放的洗礼，我们的国人终于摘下了有色眼镜，开始正视外国人。在今天，我们称外国人为"老外"，既有亲切，也有认同，还有一点满不在乎。比如那位闹事的老外，他的遭遇基本和中国闹事的小青年差不多。乘客们既没有因为他是个"外国人"一上来就大打出手，也没有因为他是"外宾"就忍气吞声。在这件事上，这位老外并没有遭遇义愤填膺的"爱国主义"，也没有享受到趾高气扬的超国民待遇。这说明什么呢？说明在中国老百姓看来，老外就是老外，他们既不是"特嫌分子"，也不是外宾，就是普普通通和我们一样的人，只不过他们来自不同的国度，仅此而已。

我觉得，这有色眼镜还是尽快摘下来的好，否则我们在与美国人接触时，就难免会进退失据。不卑不亢、热情大方固然是一种好的外事态度，可是我认为，摘掉有色眼镜，用平常心与美国人交往，往往会事半功倍。

商务之旅

如何敲开美国的国门

我认识一位美国友人,担任美国一所大学商学院院长并兼任当地一家商会会长。他曾先后到中国4次,寻找商业机会,但仍没有找到一种比较便利的与中国相关部门沟通的方式,为此他专门飞到北京向我求教。

这样一件看来简单的事情,但是由于不了解中国国情,外国商人们不知道如何入手。同样的,由于不了解美国国情,国内许多招商团浩浩荡荡去美国招商,到最后却往往空手而归。

国内招商团出国招商的时候一般都会通过海外的华人华侨进行联系,但是在欧美,华人进入当地主流社会的其实很少。我认为,随着中国经济实力的逐渐强大,我们应该改变过去那种与国外交往的方式了。国内政府官员完全可以与外国政府官员、商界直接联系与交往,与国外的主流社会直接交往,他们不会不重视来自中国市场的诱惑。

我建议,首先要与各国驻华使馆经济商务处联系。提到使馆,很多人的第一反应就是签证和签证带来的一系列麻烦。事实上,你可以从负责相关工作的使馆人员手里,免费得到很多有用的信息。

其次是通过驻外使领馆的商务外交官来获取信息。外交官们一般都是商业领域的专业人士,而且个个精通外语,他们拥有一个与国外企业联通的网络,可以免费得到很多经济信息。但是你最好不要提出类似"给我们做点招商引资"这样太过笼统的要求,如果能够提出"帮我们了解一下美国光纤领域的四五家企业"这样具体的问题,相信很快就可以得到比较满意的答复。

最后是寻找专业商会或者俱乐部。国外有很多这样的商会或者俱乐部,纺织、农产品、金融保险、房地产、五金等各行各业的都有,他们都是真正的市场专家。绝对不要去找那些小旅行社帮忙联系招商。在美国，有99％的旅行社是夫妻店，他们和商人社会实质上没有多大联系。但这些旅行社往往比较容易沟通，并且在吃、住等方面安排得比较周到。如果不是冲着回扣和一顿免费午餐，就不要把招商的重任交给这些人，免得被人从唐人街上找个老头老太来蒙事。

在招商具体工作开始的前半年，我觉得有必要先派一名了解美国情况的人过去，聘请美国的专业策划机构，就招商工作的内容、对象和目的作一个符合国际规范的商务策划报告。同时，争取在中国政府驻外使领馆的支持和帮助下，提前和美国商会、美国少数族裔商会、中美总商会、美国犹太人商会、CEO俱乐部等商业社团联系。这些商社代表着美国工商界的主流社会，因此要争取在他们商会内同他们联合举办关于招商团所在省、市状况和未来经济发展的报告会，并将介绍招商团所在地经济发展的资料分送给这些商社，请他们帮助分发给商社的会员。

等招商团到了美国以后，我建议，要迅速同中国驻美国当地的使领馆联系，在当地华人社团的帮助和配合下，邀请当地最有影响的新闻媒体（如纽约的英文报刊——《纽约时报》《今日新闻》等，著名的华文报刊——《世界日报》）参与和协助，就你们即将展开的招商活动，举办一次记者招待会，通过这些有影响的新闻媒体的宣传和介绍，在美国主流社会引起关注和反响，引起主流工商团体对中国招商团的高度重视。并邀请这些在美国有重大影响的新闻媒体参加你们所举办的各类报告会、演讲会。招商演说的内容要非常精彩，大家都知道美国人是一个喜欢演说的民族。然后通过这些媒体将那些感人肺腑、激动人心的演说刊登在这些足以影响美国主流社会的报纸杂志上。切记，一切的工作都要围绕"主流商业社会"展开。

接着，我来说说美国商会的内容。美国的商人在准备投资的时候，大多数习惯通过商会寻找合作伙伴。下面通过一个我熟悉的N商会的案例来讲讲美国商会的工作方式。

N商会的中国信息中心与国内各省、市政府的对外招商机构都建立了长期密切的合作关系，不断将美国对华投资项目以及各种商机通过互联网提供给各省、市政府的有关部门。

他们将各省、市的招商网按中国行政区域划分重新编制设定成一个在美国发布、能让美国主流社会的投资商们经常浏览的"中国招商网"，并通过美国主流社会的媒体向美国投资银行、投资基金会、投资财团、美国工商实业界介绍该网站。

N商会有自己的网页,一般是根据各会员公司提供的招商项目,以省份和行业划分为单位来制作,任何一位投资商都能随意查阅到他们想要查阅的任何一个投资项目的内容。

美国的商会一般会提供如下服务:招商会的策划、项目包装、前期跟美方投资商的联络与探讨、会议筹备与组织、辅助洽谈与签约、会后持续跟踪联络、组织考察与项目落实等。

但是切记,美国商会不会接纳"过场式"招商和"旅游式"招商,更不会接纳任何毫无准备的招商。

在美国这个市场化程度最高的国度里,人们做事反倒最讲"计划"。无论招商团规模大小,在去美国之前,最好事先与目标生意伙伴多沟通,并确定见面的时间、地点和洽谈的内容。

还有一些事情国内招商团在出国招商时必须要注意。如招商考察团的规模不能太大,我在美国的时候见过太多规模庞大的国内招商团了。在此奉劝大家,千万不要把我们的"规模"和"排场"情结也带出国门。我曾见过北方某市的一位市长,率领一个106人的团到美国招商,该团邀请了近300人参加招商活动,会场人头攒动,又是播放VCD,又是隆重设宴,热闹非凡。之后,很多美国CEO被问及对此次招商的印象时,答曰:那个城市很美。仅此而已!据不完全统计,每年去美国的中国副省级以上的大招商团就有二三十个。

与之相反的案例是,南方某市市长,每次出国时只带两三个人过去,到美国后一头扎进事先已经联系好的四五家公司,回国时一般都可以带走一两个项目,效率很高。其实,即使招商团的规模很大,如果事先准备不充分,什么都是临时的,想在国外"招之即来"是很不容易的。

而且,招商材料的准备与国内是有差别的,必须考虑推广对象的文化背景和接受习惯。国内的宣传印刷材料比较喜欢在扉页上印上老总的大头照,看不出来这个人是做什么的,必须要看文字介绍。而且中英文对照的材料经常连国内对英文比较精通的人都很难读下去,更何况外国人。只有符合所要招商地文化背景和语言习惯的介绍材料,才能成为一块很好的敲门砖。

有些招商会仍然遵循中国国内的一些习惯性做法。我建议,如果我们到美国去招商，最好遵循当地人士的习惯和方法，最终你会发现，做好充足的准备，明确目的，分析好自己的定位及彼此的条件，在海外招商的成功率就会大大提高。

商务出访要公私分明

美国的政企是分开的，在他们的观念中，谈生意是企业自己的事情，但是中国还未完全实现政企分离，谈生意时政府官员往往起很大的作用。美国华盛顿州经济贸易厅的一位官员说，现在中国一些商团多是阵容庞大，成群结队，并搭上一大帮政府官员，谈判桌上一大堆人，有些美国商人不知道到底应该同谁谈生意，不知道中方到底是公司老板说了算，还是政府官员说了算。按照美国的习惯，政府不插手企业的商务，谈生意由企业自己作主，自己拍板，不需要政府官员表态，因而他们对中国这种官员拍板的阵势不太适应。可能有人会说，得到政府部门的支持，事情更好办一些。可美国人会说，谈生意是我们企业之间的事，为什么需要那么多政府部门来帮助，那不同样很麻烦吗？他们能对项目负责吗？你们企业到底有多大的自主权？

当然，也有不少美国公司，渐渐了解了中国的国情，学会了同中国的政府官员打交道并从中大受其益，包括收买一些中国政府官员拿到优惠的合同、订单等，这样的现象对中国的招商引资事业来说，是不可小视的损失。

目前，随着我国市场经济体制的不断完善以及加入世贸组织，在这样的现状下，投资促进、贸易促进、举办各种经贸洽谈会一类的商业活动，主体应该由政府部门逐渐向企业或由企业自愿组成的中介机构转变。政府不能越俎代庖，政府的作用更多地应当体现在制定政策、监督政策的执行、为企业提供需要的信息，并利用政府对外联系渠道广、范围宽的优势为企业牵线搭桥。

其实，我也知道，出国考察、招商引资在很多国人眼里是一个美差，这样的现象其实是不正常的。

我在国内接待过一个美商考察团，他们冒着夏日的酷暑，直奔长江三峡库区，到达的当天晚上就忙于了解项目，5天时间排得满满的，反复考察现场，用计算机分析数据，办完事就走，没有抽出哪怕半天的时间去游览一下风景名胜。而中国商团去美国考察，一去一大帮人，一般只有十几天的时间，要从东到西走访多个城市，每个地方只能蜻蜓点水式地待一两天，还要忙着游览和购物，能有多少时间谈生意?而且对很多招商人员来说,大部分考察都是公费旅游兼考察,四处看看,热闹一下。美国一个城市的商会会长曾经跟我说,2006年已经接待了20多个中国代表团,到现在还不知道他们要什么、想洽谈些什么。这使得正常的招商引资、国际合作遭受到很大障碍。所以,对方认为你主要是来游山玩水的,也就不足为奇了,而一旦给对方留下这样的印象,基本上招商引资也就没有什么效果了。这也是国内很多招商团体常常抱怨去美国招不来资金的一个重要原因。

我奉劝各位真正想要引进外资的朋友,既然是去招商,就必须得有的放矢。在去之前就要心里有谱,明确要与哪些对象谈,谈什么,可行性如何,对方有无兴趣……诸如此类的问题,而且去之前要与对方先经过几轮沟通,互相交换资料,才好见面谈。许多中资商团喜欢谈"敲门生意",到了美国以后,临时找上门去与人家谈生意,这也有悖于美国人做事的惯例。

招商引资,说到底是企业自己的事,得靠企业自己去跟对方公司、银行、投资公司进行漫长艰苦的谈判,政府官员能起到的作用无非是表表态,给点政策,谈点官话、客套话之类,欧美商人一般对这些不感兴趣。他们反而会认为凡事都要政府官员表态,企业哪还有多少自主权,将来合作不是很麻烦吗?而且,去的政府官员、工作人员的费用,往往要企业负担。有些国内企业对这种招商活动压根没兴趣,知道是白走一趟还要出高价,但政府下令要去,也不好不去。

我觉得这样的弊端实在需要改改,这样下去的话,会给中国的招商引资事业带来很大损失。大家不要以为我在危言耸听,实在是因为我这些年来看了太多这样令人惋惜的事情。

在中国,政府官员出面也许会让合作方觉得有分量,但这是由中国国情决定的,换了另一个环境不一定行得通,所以在生意场上,切记不要再继续做这种浪费钱财而又徒劳无功的事情了。

做生意不必找市长

近些年,我在与美国CEO的频繁接触中,关于中国政府,听到了相同的声音:中国政府是世界上最支持商业发展、最会做生意的政府。老外都知道中国的政府官员在商业运作中起着举足轻重的作用。

中国的市长几乎是全世界最忙碌的市长,除了管老百姓的事情,关心政策,而且还要接待来访的老外。由于各方面的传闻和报道，以及外国人对中国制度的片面理解，很多美国人认为到中国做生意需要找政府官员、找市长。而在他们本国的政治体制中，市长是不会介入具体的商业活动中来的。所以，如果你到美国进行招商引资活动，并不非得拜见美国的市长或者政府官员不可。

在美国，市是依据州政府的特许成立的自治组织。按规模大小，美国的政府架构分成三级管理。由于城市的等级和各州对市的授权不同，各市市政府的模式和权力大小也不相同。如果用商业的眼光来观察的话，美国的市政府就像一个企业。

在美国的市政府机构中，有市议会、市政府秘书、消防局、警察局、图书馆、市政规划局、休闲娱乐部、公共工程部等若干部门。其中，市议会相当于企业的董事会，一切重大决定都由市议会的议员们讨论和投票决定。市政府下属的各个部门，就好比是企业的各个职能部门，各负其责。市长的权力则根据各个城市的不同情况而有所不同。

美国城市分为"强市长制"和"弱市长制"两种。在"强市长制"下，市长由选民直接选出，拥有任命市政府各部门负责人、提出预算草案、否决市议会通过的议案等权力。纽约、华盛顿、旧金山的市长就是由市民直接选举出来的，有一定的实权，任期4年。这样的市长都是全职的，都有自己的私人秘书。当然，这并不意味着市长有绝对的决定权，重大问题还得由市议会决定。在美国，除了一些大城市，一般城市并不采用这种制度。

一般城市采用的是"弱市长制"，市长从市议会成员中选出或由市议员轮流担任，其主要职责是主持市议员开会，听取市民的意见，代表市政府发表演讲，是市政府的形象代表。市长没有任命权。假如市政府要聘任警察局长等部门负责人，必须经市议员讨论决定，市长说了不算。例如，圣马力诺市的市长就属于这种情况。这种类型的市长有的任期1年，有的任期2年；有的是全职，有的是兼职。

美国的市长虽然是一份重要的工作，也需要通过竞选才能得到，但在美国人看来只是一份工作而已。因此他们的权力和影响并没有我们国人想象得那么大，而拜访美国的市长也并非那么困难。我有一位朋友，曾经在美国当过市长，虽然只是兼职的，但他每周花在处理市政府事务上的时间都不少于十五六个小时，其中有很大一部分时间用来答复市民反映的问题。市长就像是一个市的形

象代表,谁都能见他。

我记得,曾经有一个华人朋友向别人扬言说他跟美国某市的市长是好朋友,他能安排和市长见面,还要收取很大一笔介绍费。而事实上他本人并不认识这位市长,他也只不过是通过电话安排。

美国的市长跟中国的市长最大的区别就是,美国的市长不太管经济。中国的市长很多情况下在主抓经济工作,财政税收、审计、就业、科教文卫、计划生育、人事、社会治安、环境保护等都要管,就连企业上什么项目、农民地里种什么也要管。而美国的市长更多的是在忙教育、环境、卫生、治安、消防等基本服务。

当然美国的市长在经济上投放的精力不多,并不代表他们的政府不关注经济。比如,美国的政府抓环境建设,其实是间接地在促进经济发展,而不是直接干预经济活动,直接管理企业。我在美国的时候,从未见那些当市长的朋友去过企业视察或指导工作,唯一见过的一次经济活动,是有位市长出席了一个中小企业的产品展览会,礼节性地参加了主办方举办的免费午餐会。

在我们国内,招商引资工作几乎直接成为政府的事情,甚至有的地方政府提出"招商引资是一把手工程"的口号,市长或市委书记亲自率大批人员出国招商引资。很明显,中国政企还未完全分离,谈生意时政府官员往往要起很大的作用。

但是,美国把国家(政府)定位于一个与企业完全独立的,甚至是对立的位置。在政府与企业的关系中,美国政府一是认为经济是市场、企业和个人的"因私"行为,不是作为公共机构的政府的职责,政府不应当直接管理经济;二是在社会关系中,在生产者和消费者之间,政府作为公共部门,把自己定位于消费者的保护者,站在消费者的立场上去处理与企业的关系。因此,如果说美国政府同企业有什么关系的话,那么这种关系是政府对企业的监督、约束,如在反垄断、环境保护、劳工权益、最低工资等方面通过各种法律法规监督和制约企业,保护消费者及劳动者的权益。

在经济方面,美国政府的主要职能是制定经济政策、征税、提供社会保障(救济、福利、保险等),促进社会公平,提供公共产品和管理,以及国防、外交、治安等各个方面,政府并不直接从事经济工作,不介入私营企业的具体事务。

所以,我们去美国进行招商引资工作的时候,会见对方所在地的市长或者别的政府官员并不是很重要的事情，而且这种会面也并不能起到关键的作用，重要的还是跟企业会面及直接交涉。与此同时，我们也不能忽视政府及其机构的作用。我们可以利用官方的或者一些非官方的贸易和投资促进机构作为我们招商引资的对口单位。比如，在美国各个州都有对外贸易促进办公室，他们的工作就是帮助或者协助本州内的企业，与海外的企业进行商务往来。

我还要啰唆一句，即使要拜访美国的官员，也切不可准备什么烟酒之类的礼品。以我在美国生活多年的经验来看，美国的公务员社会地位没那么高。由于美国法律规定公务员工资不得高于私企，所以，公务员工资标准的制定参照以往的私企标准。这就决定了公务员工资低于私企，因为私企工资在先，公务员工资在后，公务员工资标准比私企落后 1—2 年。在波士顿，联邦政府的飞机机械师的工资比校车司机低很多。在阿拉米达空军基地，电子技术员的工资要比当地私企同类工种的职工每小时低 5 美元。

由此可见，在美国真正出色的人才都因为工资的缘故集中在私企。留在政府的公务员们，基本都是私企挑剩下的二流货色。当然，这里也不排除有一些真正的人才，看中公务员岗位失业率低、工作清闲以及建立人际网的便利留在政府部门工作，不过这样的人实在不多。

美国老百姓说起政府官员，好像都不那么特别敬重，大概意思是，官员就是拿纳税人的钱帮纳税人做事的，因此只要你当了官就应该认真廉洁地按章做事，就会有无数双眼睛天天盯着你，任何情节的贪腐必被追究，因此就有了"官员贪污受贿 300 元和 300 万元量刑基本差不多"的美国反腐肃贪铁律，和"想发财到公司，做学问到大学，要当官到白宫"的著名美国民间调侃语。

在一本 10 年前的美国畅销书《穷爸爸，富爸爸》里，那位教儿子小心谨慎做事，节省开支、不断储蓄的穷爸爸，希望自己孩子选择的职业就是政府公务员；而富爸爸则认真教自己孩子如何理财创业做生意。由此可见，在美国人看来，官员们都比较没出息，就更算不上什么精英了。

和教师也无缘成为公务员的中国不同，美国的清洁工则属于公务员，工资虽不高但工作稳定，且享受基本医保及养老金福利，但和其他公务员一样如果"8 点上班、8 点零 5 找不到你，工作敷衍，态度冷漠"，你就可能被投诉，甚至被炒鱿鱼。

在有质疑政府传统的美国民众看来，他们的公务员既算不上精英，也十分可疑,那就需要时刻盯紧了。美国的联邦贿赂法根据公务员贿赂行为社会危害性的不同,将贿赂犯罪分为贿赂罪(行贿罪和受贿罪)和不法馈赠罪(行馈赠罪与受馈赠罪)。法律规定,民选官员出席辖区内无关公职的私人活动,公关票必须诚实申报,一年上限不得超过420美元。

就是美国总统接收冠军球队参观白宫时赠送的运动衫、教育部长在参观学校时接受校棒球队赠送的棒球帽等也有相关法律规定必须认真申报。纽约州长这次就有些出格了,缴了罚款还被点名批评,着实有些尴尬。不过也好,道德监督机构让他及时悬崖勒马,否则他再这么发展下去,难免会和俄亥俄州州长鲍勃·塔夫脱一样,因为收受赠品和赠票遭受检察官的指控。

我知道,我们的官员们在招商时,有请人吃饭、赠送烟酒文具等小礼品的习惯,这在中国可能会被视为好客、热情。客人笑纳,主人满意,大家皆大欢喜。可是如果我们接待的是美国的官员,那么就要小心了。在他们的文化中,收受礼品、接受吃请已经可以等同于犯罪了。我们在美国热情地拉着当地官员违法,这可是件尴尬事。

我还请我们的商务考察团在拜见外国官员时,要慎重为妙。可能有时候真心实意地与他们交流、完成商务考察工作,要比请他们吃饭、送他们烟酒更"给力"。

谈判中要勇于说 No

缘于中美文化的差异,由此中美双方谈判风格也有所不同。正如大家所了解的,由于美国在国际贸易中的地位,美国文化给谈判带来的有别于中国的特点尤为引人注目。从总体上来说,美国人的性格是比较外向的,我将美国人的性格特点归纳为:感情外露、热情、自信,追求物质上的实际利益。

我回到国内后,见到朋友时问:"最近在干吗?"很多人都回答说:"谈项目。"其实在美国人眼里,项目不是靠"谈"出来的,是策划、分析、写作出来的。美国人办事很讲究计划性和前期资料准备工作,因而与美国人谈生意,你一定要有很具体的目标,而且资料准备工作越细越好,项目可行性论证报告一定要实在、可信,经得起考验,提供的数据不能凭空估计,要经得起对方用计算机检索和数学模型分析。美国人不会轻易相信你的资料。你提供的数据一定要有出处,他们通过互联网络和公司的数据库很容易查到各种资讯,包括中国市场的信息,并拿来进行比较。如果发现你的数字有水分，他们就会认为你没有信誉，不想与你再谈下去，尽管有时候你并不是有意将数字弄错的。

正如我所说，美国人是相当开放和直接的，尤其专业上的讨论，往往会因持不同的意见而争论。谈判前，你必须要充分调查了解对方的情况，分析他们的强项弱项，分析哪些问题是可以商量的，哪些问题是没有商量余地的；还要分析对于对方来说，什么问题是关键的，以及这笔生意重要到什么程度等等。所谓知己知彼，百战不殆。

我知道，美国人做生意时考虑更多的是生意带来的实际利益，而不是生意人之间的私人交情。所以国内的很多商人都有这种感觉：美国人谈生意就是直接谈生意，不注意在洽谈中培养双方的友谊，而且还力图把生意和友谊清楚地分开。在谈判中，他们表现急迫，喜欢开门见山，答复明确。他们在谈判时只简短寒暄几句便会进入正题，坦诚地探讨业务问题，不愿等待和拖延，言辞也很直接。

中国人往往会有一种"中国式的承诺"，遇到事情爱用"Yes"作答。有些人为不失去继续洽谈的机会，便装着有意接受的样子而含糊作答，或者答应以后迟迟未见行动，都会导致纠纷的产生。

事实上，与美国人做生意，"是"和"否"必须截然分清，这是一条基本的原则。直接进入主题，不要拐弯抹角。谈判时，也要直截了当。如果我们提出的建议老美不能接受，老美会毫不隐讳地直言相告，因此当我们无法接受对方提出的条件时，也要明确地告诉对方不能接受，而不要含糊其辞，使对方存有希望。

跟我一样，很多人都认为美国人性格外向、坦率，平常幽默风趣，但你不一定知道，他们到了谈判桌上会变得一板一眼。多数美国商人比较好打交道，他们谈生意比较诚实，有一说一。而我们国内很多企业家同美商谈生意，也像对付港台商人一样，堤坝筑得很高，这一方面可能是长期养成的习惯所致，另一方面也是因为谈判前没有做好充分的准备。比如说报价，美国人一般不会漫天要价，他们认为那样会吓跑客人，他们报的一般都是实价。可有的中国公司不问市场行情，也不管三七二十一，上桌就先砍价。我听说，曾经有个中国经济考察团与美国公司进行谈判，中方三个代表都重复同一句话："项目很好，可你们的报价太高！"美国人听后面面相觑，原来人家的协议草稿里压根没写报价，闹了一个笑话。

另外,我还要强调一个小细节:美国的政府和企业均是 5 天工作制,星期六、星期日休息。法定节假日有元旦、华盛顿诞辰纪念日、阵亡将士纪念日、独立纪念日、劳动节、哥伦布日、退伍军人节、感恩节和圣诞节等。切记不宜在这些时间(特别是圣诞节前后)找美国人进行商务洽谈。

抛开面子

面子,是个独特的中国词汇,我至今无法在英语中找一个恰如其分的词汇来翻译它,可以说,如果一个老外真懂得了面子的含义,那么他就真正认识了中国和中国人。对于面子,我有自己独特而深刻的体会。

记得在 20 世纪 90 年代中期,我曾经陪同一个中国采购团去美国采购机器。中国采购团的成员,除了我之外都是第一次来美国。

采购团刚到美国,还没有出机场,就由美方的专机接走了。专机直飞到一处山清水秀的度假村,说是要中方采购团好好放松几天。一直很紧张地准备应付美方谈判的中方负责人听说这个消息,不由得松了口气,还和我开玩笑说:"谁说老美做生意的时候死板?这不是跟我们中国人一样吗,吃吃喝喝、游山玩水中就把生意谈了。"当时我觉得其中有些蹊跷,可是还没来得及和中方负责人沟通,负责人却一口应允了美方的盛情邀请。

在接下来的两天中,美方的谈判代表简直不像是谈生意,而是位热情的导游。他白天带着中方人员在度假村打网球、打猎、钓鱼,晚上就张罗热闹的露天BBQ 和舞会。中方人员在国内谈生意都没有如此开心过,简直是玩疯了!可我却发现整个度假村除了一个小型机场外,根本就没有公路。也就是说,到了这里,别说是提什么条件,就连离开,都得美方安排,这可不太妙。

果不其然,在第三天晚上,也就是谈判的最后期限,成天嘻嘻哈哈的美方代表突然一脸严肃,穿着正装出现了,他要求中方采购团立即签署订购协议,而那价格是从前中美双方磋商时定下价格的几倍,如果真的签了,中方将损失巨大。

还沉浸在狂欢中的中方人员得知这个消息,面面相觑,他们没想到一向简单刻板的老美会有这一手。中方代表团负责人冷汗直流,这两天美方接待热情,可以说是让中方人员感受到了帝王级的享受。吃人家嘴短,如果在这个时候拒绝美方的要求,真是拉不下面子,而如果依照美方的要求,签了协议,这个损失也承担不起。在沉默了许久之后，中方负责人正准备屈服，签署协议时，我急中生智，对美方代表说："Goldsman 先生，请您用专机把我们送到西海岸，今晚我们的老朋友请我们去做客。"美方代表听了这话，脸色有些难看了，因为他知道，西海岸有一家公司一直在和他们抢这个合同。最后美方代表没办法，只好建议双方三天后依照最初磋商的价格在拉斯维加斯签协议。

最终，我帮助这个代表团挽回了损失。可以说，那位美方代表真的是研究透了"面子"的含义，并以彼之道还施彼身，差点让一向自诩精明的中国人吃了大亏。我并不是否认中国人好面子的特质，只是想说，在有时很残酷的商战中，讲面子是要吃亏的，尤其当我们的对手是一向以务实而著称的美国人时。

融资上市，你想明白了吗？

不可否认，在美国融资上市确实会给中国的企业带来巨大的实惠。首先，他们可以借助海外的融资上市，迅速进入美国主体销售渠道；其次，可以借助北美融资，扩大自己的企业规模；再次，可以避免北美反倾销的限制。

但是，海外上市的路真的就是一条金光大道吗？我建议，在选择走融资上市这条道路之前，你先要考虑以下一些问题：

（1）你的企业是什么样的类型，适合在全球市场的哪个股市上市？

（2）上市的条件是否成熟，是否能够在金融市场上得到股民的认可，从而达到融资的目的？

（3）在上市的过程中，你是否选择了正确的服务商，对他们的衡量标准是什么？

（4）在给出的上市途径中，你对每一个环节法律上的程序及安排是否了解，是否考虑过这种安排给你带来的法律上的潜在风险？

（5）你是否考虑过上市后的维持费用和其他一系列相关的财务及法律上的费用？

（6）你的公司现在是否赚钱，你是否了解到一旦你上市后，你的财务及公司任何的调整变动，包括人员的安排和调离等信息都要在股票市场上发布出去？

（7）你是否权衡了你的企业上市的所有优缺点？

经过仔细权衡后，如果认为可行，那么就可以着手进行一些准备工作了。虽然融资上市现在在中国已经得到越来越多人的关注,但是不少企业还是觉得千头万绪不知从哪儿开始。那么,我建议,你可以考虑借助一些服务公司的帮助。

目前,在国内打着帮助中国企业在海外上市旗号的服务公司比比皆是。他们往往把在海外融资上市描述得像玫瑰一样美丽。他们会拿出很多所谓的成功范例,诸如百度、新浪等公司在海外成功上市融资了亿万美元等。但是你一定要保持头脑冷静,因为在这种灿烂远景的描述下,他们往往会收取高额的手续费。

2005年,我在银川出差的时候,遇到了几个朋友,他们谈起一家美国华人企业声称要为银川的一家企业在美国上市融资,并且张口索要服务费几十万美元。银川的这家企业在其强烈攻势下,付了钱,但是上市的事情至今还虚无缥缈。虽然我对其中具体情况并不十分了解,但在上市前收取服务费这一项,各公司有着不同的制度和方法,可是在没有任何确定的事情发生之前,就收取如此巨额的手续费,在目前的国际上市事务中实不多见。

所以,当我们周围那些投资公司的代表四处寻找机会,代表各种基金、各种投资银行与我们谈合作的时候,一定要小心再小心。

另外,中国企业千万莫要把在美国投资上市作为一种炫耀的资本或是自己企业成功的标准,因为在国际主要资本市场上,有成千上万家企业都被列入交易榜进行交易,但并非所有的上市企业都闪耀着玫瑰色的光彩。要问一下自己,企业上市是否能够在海外金融市场上融到资本。在整个上市融资的过程中,需要投入大量的金钱和精力,上市以后,公司还要支付巨大的维持上市的费用,比如因提供海外证券交易所要求的各种各样的检审、报表而支付的开销。如果本身已是一家赚钱的企业,能够轻松经营,轻易不要给自己找这样的麻烦。

我认识一位浙江老板,2005年花了一整年的时间,在美国进行上市融资的征程,实际上他是边走边学,而且,他所得到的与他之前的期望有着巨大的差距。当他想在美国证券交易所挂牌的时候,遇到了重重阻力。

有些中国企业在某些服务商的引导之下,采取买壳上市这条所谓的捷径,但买壳上市并非就能保证让你迅速地成功上市。事实上,这是一种很传统的方法。在金融市场上,这些买的“壳”往往会被股民忽视,融资效果反而会有负面的影响。因此,我们的企业在选择上市这条路时,切莫急躁,切莫轻信他人,仔细衡量和推敲各方面的条件和因素,最好找一位信任的专家在你身边,作为指导。

我在江浙一带遇到过几位这样的企业家,他们兴冲冲地上市,并得到经济专家的协助，做了各种研究，包括买壳、申请程序、推广。但是他们对这些活动中存在的风险还是估计不足。做这种商业决策的时候，一定要考虑：为什么要这样？跟谁合作？这其中有太多的因素需要全盘考虑。有时候可能连你自己也没有想到，这些过程中会出现各种各样意料不到的麻烦。美国的市场、法律有自由的一面，但是也有给你带来麻烦的另一面。国内的企业家根本还没有充分意识到这些，但去海外融资上市和收购企业还是很有创新性的，也很有必要，只是其中的过程就像你买任何东西都要货比三家一样，仔细考虑清楚以后才能进行。

　　总之，上市有风险，入市要谨慎！

如何与外商打交道

美国式幽默

无论是招商引资、做生意,还是别的什么关系,都是建立在交流的基础上的。那么,和美国人交流,除了流利的英语外,还需要什么呢?

我认为,一定要懂得所谓的美式思维,也就是要知道美国人的思维方式和我们中国人的区别。在美国的亲身经历使我明白,了解美国人的思维方式是和美国人交流的关键,简单地说,如果你会用美国人的思维方式去思考问题,你就容易和美国人交朋友。

要想比了解美国人的思维方式更进一步,你最好理解并学会使用美国式的幽默,或者按照字面意思理解为美国式的嘲讽(Sarcasm)。美国是一个极其喜欢开玩笑的国家。美国人经常会在日常谈话中,甚至会在公共场合 Cracking Jokes(开玩笑)。当年的里根总统就曾经被誉为 "最爱开玩笑和最富有幽默感的总统"。不少美国人把开玩笑当做是生活中的奶酪,如果没有了各式各样的玩笑,那么生活也就失去了调味剂。这是一种美国文化,只要你在美国或和美国人打交道,时时刻刻都会感觉得到。

记得在第一次去美国的飞机上,我的入境登记卡填错了一项,就向飞机上的服务人员再要一份空白的。那个美国人走过来认真地说:"对不起,每个人只有一份。"我当时就急得不知所措了。只见那个美国人严肃地思考了一会儿,笑了,递过来一份空白的入境登记卡。我这才明白原来那个美国人在开玩笑。

懂得美国人的思维方式,只是具备了和美国人交朋友的基础,而懂得使用美国人的幽默和嘲讽,你才容易交到朋友,并且成为一个受美国人欢迎的人。

我想起另一个发生在自己身上的故事。20 世纪 80 年代的中国, 还没有麦当劳，甚至对当时的中国人来说，"麦当劳"是个很难发音的英文单词。那个时候的我还很年轻，在一次美国之旅即将结束时，我谦虚地说，我从诸位美国朋友身上也学到了很多东西，其中最大的收获就是知道了美国有"麦当劳"！这句玩笑恰到好处地引起了共鸣，在美国人个个捧腹大笑的同时，我也赢得了美国朋友们的好感。

美国是一个充满幽默的国家，你打开任何一份大报，每天至少有两个整版的漫画和幽默专栏。美国人说笑百无禁忌，不论是经理、主管，还是总统、上帝，都可以拿来开玩笑。这点也是我亲身经历过的。可能对于很多中国人来说，刚开始的时候不容易接受。这是美国人和中国人对于玩笑的理解不同所致。

有一次我陪同一个美国代表团，在路上无意中看到一个牌子上写着"消灭害虫"。当然，类似的标牌在美国是很难看到的。当时团里面有一个美国人把我叫到牌子下面："Simon，在这照个相，把你当害虫，扫掉！"我听后，觉得受到了侮辱，对老美发了火。对方只好不明就里地向我道歉。多年以后，我才了解，实际上，当时那个美国退役将军并没有任何恶意讽刺的意思，只是一个善意的玩笑而已。

还有一个小故事，是我的朋友李先生的经历。李先生在从旧金山飞往纽约的飞机上，眼瞅着班机就要降落了，但由于遇上了云层，飞机震动得相当厉害。这时广播中机长说话了："亲爱的乘客们，美国第一大城市快要到了，请系好您的安全带。"在众人的尖叫声中，机长一本正经地又补充了一句："也请您系好自家的钱包！"众人一笑，忘了惊慌，飞机通过云层，安全降落。事后，这位已经不是第一次去美国的李先生想起来还是觉得忍俊不禁，逢人便讲。

跟美国人接触，很多人都感受到了美国式的幽默，并深深地受到了影响。我所在公司里有位王小姐有一次去美国商谈一项业务，飞抵洛杉矶的第一天就见到一件新鲜事儿：在机场有对方公司的一位小姐接机，这位叫珍妮的小姐因为是周末，所以没有穿工作服，她的 T 恤前面赫然印着"我是一个处女"，而当她转身时，王小姐发现其衣服背后印有"可惜那是 5 年以前的事了"的英文字样！这对来自中国的人来说，真是一件非常新奇且令人惊讶的事情。珍妮把她的新 T 恤得意地展示给王小姐看，王小姐不知如何是好，最后说了一句："你们美国人太幽默了！"

　　不同的国家往往有不同的文化习俗，对幽默的理解自然也就有所不同。当然，我并不是说不懂美国人的幽默思维就做不成招商引资的事情，还是那句老话，"知己知彼，百战不殆"，懂得美国人的思维方式是和美国人交流的关键，用美国人的思维方式去思考问题，那么你就有可能尽快和美国人交上朋友。如果要和美国人打交道，了解他们越多就越有利，其中包括充分了解美国式的幽默。

该说的与不该说的

　　无论你是在美国还是在中国，跟美国人交往的时候，要特别注意不要犯这些禁忌。因为，不管你之前的工作做得多完美，只要犯一个严重的错误，就会前功尽弃。

　　美国人很少在用餐时使用牙签，因为牙齿是口腔中的一个重要部位，美国人相当爱护自己的牙齿，当异物残留在牙缝时，他们通常用牙线（Floss）剔牙，很少使用牙签。再者就是美国人在进餐时忌讳打嗝，当然这是很难控制的，但是至少你在不小心打嗝以后要说一声"Excuse me"。

　　注意不要随便说"I am sorry"。"I am sorry"和"Excuse me"都是"抱歉、对不起"的意思，但"I am sorry"语气较重，表示承认自己有过失或错误。如果为了客气而轻易出口，常会被对方抓住把柄，追究实际不属于你的责任，到时只有"哑巴吃黄连，有苦说不出"，因为一句"对不起"已经承认自己有错，又如何改口呢？

　　再就是有一些话题是不能随便问的。

　　首先是年龄。对许多美国人来说，年龄是个非常敏感的问题，特别是对年过三十的女人来说更是如此。在这个崇尚年轻的国度，想到变老是件很痛苦的事情。大多数人，如果有可能的话，都不想沾它的边儿。所以，许多美国人竭力想维持外貌的年轻，他们最不愿别人问及的问题就是："你多大了？"美国人对年龄的看法与我们大不相同。在我国，老年人受到尊敬。但在美国，老年人绝不喜欢别人恭维他们的年龄。有一次，中国留学生在美国的一个城市举行盛大聚会，宾客如云。当地一位名牌大学的校长与其母亲也光临盛会。留学生在欢迎辞中说："××老夫人的光临使我们全体同学感到荣幸。"这个"老"字在中国是尊称，不料却触痛了这位老夫人，当时她脸色骤变，尴尬不已，从此再也没在中国留学生的聚会上露面。

二是体重。美国人很关注体重，且极少透露他们的体重，即使他们很瘦，身材很好。所以，你不问为妙。如果你非得要讲，说"哦，你看起来掉磅了"比"哦，你看起来像是重了几磅"要稳妥。然而，如果你想说实话但又不想伤人，我建议你用词要小心，或许可以说："嘿，你看起来棒极了，很健康。"千万要记住，那不是脂肪，而是肌肉。

三是收入。绝对不要问别人挣多少钱，这没什么可说的。但你可以问他们的工作头衔和以什么为生计。这个信息可以让你对他们一年挣多少钱有所了解。

四是心事。这是个很微妙的问题。有时你会碰到迫不及待向你倾诉心声的人。但有些人时刻确保自己的私事不为外人知晓。总的原则是，不要太急于跟人谈论个人私事，不要让人觉得你在探听他们的生活。所以，不要对别人的爱情、婚姻和家庭情况提太多问题。应该注意的是，基督徒视自杀为罪恶，在美国，"自杀"这个话题是不受欢迎的，不论何时何地还是少谈为妙。

还有就是，在美国千万不要把黑人称作"Negro"，最好用"Black"一词，黑人对这个称呼会坦然接受。因为"Negro"主要是指从非洲贩卖到美国为奴的黑人。跟白人交谈如此，跟黑人交谈更要如此。否则，黑人会觉得你蔑视他。

美国人忌讳冲人伸舌头。如果是小孩子，伸伸舌头被当做是很可爱的表现，但是如果是成人，美国人认为这是污辱人的动作。

美国人对握手时对方目视其他地方很反感，认为这是傲慢和不礼貌的表现。

跟美国人交往，特别忌讳赠送带有你公司标志的便宜礼物，因为这有让别人义务做广告的嫌疑。

在餐桌上，美国人一般忌食肥肉和各种动物的内脏，也不喜欢吃蒸和红烧的菜肴。

美国人很喜欢用香水，原因就是：在美国，体臭在社交上是不被接受的。因此，美国人认为使用除臭剂或止汗剂是必须的。女士通常会再抹点香水以增加清香，男士则拍一些刮胡水或是男性古龙水在脸上。

在美国文化里还有一项禁忌就是口臭。美国人不喜欢闻别人午餐后留在口中的味道——尤其是洋葱或大蒜味。他们怎么解决这问题呢？漱口、吃薄荷糖，甚至饭后刷牙。其实我们国人都不怎么注意这个问题，如果口气不好的人跟你说话是一种非常不愉快的经历，反过来也一样，清新的口气也是对别人的一种尊重。

我们在路上、电梯内或走廊里，常常与迎面走来的人打照面，目光相遇，这时美国人的习惯是用目光致意。不可立刻把视线移开，或把脸扭向一边，佯装不见。只有对不顺眼和不屑一顾的人才这样做。美国人清晨漫步街道时，若碰到擦身而过的人，会习惯地说一声"Good morning"。当然，在行人较多的街道上，不必对所有擦肩而过的人都以目光致意或打招呼。

在美国，若是在别人面前脱鞋或赤脚，会被视为不知礼节的野蛮人。只有在卧室里，或是热恋的男女之间，才能脱下鞋子。女性若在男性面前脱鞋子，那就表示"你爱怎样就怎样"；男性脱下鞋子，就会被人当做丛林中赤足的土人一样。无论男女在别人面前拉下袜子、拉扯袜带都是不礼貌的行为。鞋带松了，也应走到没人的地方系好。

在狭窄的场所，如在电影院，从别人身前走过时，必须道一声"Excuse（me）"。这时候，美国人习惯的姿势是背对坐着的人，低头弯身而过。而欧洲人的习惯有所不同，欧洲人必须面对坐着的人，低头弯身而过。

在宴会上喝酒要适量，始终保持斯文的举止，这是欧美人士共同遵守的礼节。在美国人的宴会上，很少看到烂醉如泥的人。即使喝多了，也要坚持到宴会结束，回到自己的房间后才可倒头不起。如果当场酩酊大醉，惹是生非，会招来众人的鄙视。

中国人的习惯是，几个好友一道出门时，总是抢着付钱买车票、门票等。但如果对美国人这样做，不仅不会得到他们的感谢，反而会使美国人觉得欠了人情账，心里很难受。美国人一起外出，总是各付各的费用，车费、饭费、小费无不如此。

中国人视谦虚为美德，但是美国人却把过谦视为虚伪的代名词。如果一个能讲流利英语的人自谦说英语讲得不好，接着又说出一口流畅的英语，美国人便会认为他撒了谎，是个口是心非、装腔作势的人。所以，同美国人交往，应该大胆说出自己的能力，有一说一，有十说十。不必谦虚客气，否则事与愿违。

当然需要注意的地方还有很多很多。我也是花了10多年的时间总结出来以上的这些经验，供大家参考。其实与外国人接触多了，很多东西自然就会注意到的，但在说话做事时，还是多留心一下比较好。

读懂美国式的热情

去国外招商，不用我说，要打交道的势必都是外国人，在这种时候，多了解一些外国人的习惯对我们很有帮助。外国人的待客方式跟我们国内有巨大的差别，也就是说，如果你不了解，很可能会感觉不到你的外国伙伴的热情，甚至会产生误会。这也是我在国外那么多年最深刻的体会之一。

首先，根据我的研究所得，就美国而言，美国人谈话时如果跟他人站得太近，会觉得不舒服，最合适的距离是 50 厘米左右。这跟我们中国人的习惯大不一样，我们讲究的是"亲密无间"，因此说话的时候如果离得比较远，心理上会产生疏远的感觉。可是我告诉你，这就是美国人的习惯，并不代表他们不热情。

其次，美国人有一个社交习惯，就是他们说话时往往喜欢做手势。他们谈天之际，可能拍拍对方的肩膀，以示友好；或者轻拍小孩的脑袋，以示亲昵。这对比较含蓄的中国人来说，不太容易接受，但这是美国人表示友好和热情的方式之一。不过，在这一类小事上，如果对方在社交场合中的小动作令你不快的话，你只需显出略为犹豫的样子，你的美国朋友往往就明白你的意思了，这是我多年来得出的经验。

一说到美国人，我听到的评价几乎都是一样的：性格外向，热情直爽，不拘礼节……确实，美国人都不喜欢沉默，他们会侃侃而谈，以免谈话中止，即使是片刻的停顿。假若你很久没做声，美国人就会尽量设法让你加入到谈论中来。中国人跟陌生人打交道时，一开始可能比较冷淡、戒备，但是一旦热情起来，就比较真诚。而美国人的热情只是一种习惯而已，回头你欠他两毛钱，该让你还就让你还，一分钱不能少，在他们的热情里面，感情因素较少。美国人互相交往时，不喜欢服从于别人，也不喜欢别人过分客气地恭维自己。美国人担心被别人视为不易亲近的人而受到孤立，这对平民百姓来说，意味着寂寞；对商人们来说，则意味着赚不到钱。因此美国人交朋友的特点是交情泛泛。他们同大家的关系都十分融洽，希望给别人一个好印象，但是却往往缺乏那种可以推心置腹的知心朋友。美国人容易跟陌生人一见如故，哪怕仅仅相识一分钟，你都有可能被邀请去看戏、吃饭或外出旅游。通过这些方式，他们会迅速博得对方好感。在结识人方面，没有人比他们更迅速，但在建立一种真正的友谊方面，也比一般人更为困难一些。所以,如果你想要你接触过的这些美国人记得你,你必须要不断地加深他们对你的印象,比如,在赴宴之后寄去一封简短的感谢函。

一般美国人请客吃饭,属公务交往性质的多安排在饭店、俱乐部进行,由所在公司支付费用,只有关系密切的亲朋好友才会被邀请到家中赴宴。美国人待客的家宴则是经济实惠、不摆阔气、不拘泥于形式,通常是一张长桌子上摆着一大盘沙拉、一大盘烤鸡或烤肉、各种凉菜、一盘炒饭、一盘面包片以及甜食、水果、冷饮、酒类等。宾主围桌而坐,主人说一声"请",每个人端起一个盘子,取食自己所喜欢的菜饭,吃完后随意添加,边吃边谈,无拘无束。

当然,食物简单并不代表美国人不热情,只是热情的方式不同而已。我发现,美国人更看重做客之道,而不是待客之道。对于待客,热情、让人有家的感觉就好了。习惯上,他们会事先告诉你,除了你还有哪些人要来;还会问客人有哪些菜不吃,如宗教上的忌讳等。反过来,做一个客人的规矩比接待的主人要多得多。客人要准时到,不能太早也不能太迟。一般情况下,要带点东西赴宴,如酒或水果等。作为客人,在没上菜时或吃完饭后,应该主动问主人:"我能帮什么忙吗?"有时,主人真的会允许你收拾桌子或洗盘子呢。这是很亲切的表示。劝酒在美国是不存在的。这些跟中国的习惯完全不同。

很多去过美国的人都跟我说,他们发觉美国人不说"废话"。这就是说,美国人答话的时候,往往简单到只说"是"、"不是"、"当然",或极普通的一个"对"字。简单的答语并不表示美国人怠慢、粗鲁或脑筋简单。美国人平时匆匆忙忙,跟你打招呼不外乎一个"嗨"。真的,你在美国居留期间将一再听到这个词,几乎人人都说,不论地位、年龄、职业。不过,听惯了长篇大论、甜言蜜语的人,也许要经过一段时间,才会对美国人的"不热情"不当一回事。

美国人在金钱上很务实。美国人很愿意帮忙,但是真的"动真格",需要占用对方很多时间及精力的时候,美国人一般会向你提出付费的要求。美国人常说的一句话就是:天下没有免费的午餐。

另外,到了国外,势必要吃外国人的食物。就像他们来中国不习惯中国的请客吃饭一样,我们中国人去国外同样也会遇到吃饭的问题。我刚到美国的时候就被这个问题困扰了好长一段时间,当时我的房东老太太 Marry,第一次带我去吃必胜客,奶酪烤热的味道差点让我吐出来,更别说吃了。那是因为饮食结构的不一样所造成的不适应。当然,现在热奶酪基本上被中国人的胃接受了,而且大家出国招商的时间也就这么短短十来天，再不习惯也可以忍受。接下来我说说你需要知道的西方人餐桌上的基本礼仪。

西方人认为餐桌上的礼仪反映了你的文明程度，可以看出你是否是一个有教养的人，所以不要太失态。当然也有人很厌烦这些礼节。不过大部分的西方人还是很注重的，因此尽管你很不适应，也要在这个短暂的时期内去接受。

在美国，人们也会在饭桌上谈生意，包括吃早餐、便餐、午餐和喝咖啡饮料的时候。美国人把为商业谈判而准备的饭叫做工作餐。美国商人也可能在吃饭以前或者是饭局开始时谈一些生意上的事情，这时，虽然在饭桌上主要是为了进餐，但是吃饭往往变成次要的了。

可是那种为了庆祝合作成功或者纪念某些特定时间的应酬性进餐和工作餐完全不一样，饭局往往是精心准备的，应该尽量避免谈论生意上的事情，而且要非常讲究西餐的礼仪。

吃西餐在很大程度上是讲情调：大理石的壁炉、熠熠闪光的水晶灯、银色的烛台、醉人的美酒，再加上人们优雅迷人的举止，这本身就是一幅动人的油画。为了在吃西餐时举止更加娴熟，更加具有风度，我们中国代表团最好在出发前，费些力气熟悉一下这些进餐礼仪，你将会发现还是值得的。

红酒与白酒

对于酒的理解以及喝酒的习惯，各个国家的差异还是蛮大的，特别是欧美等地区的国家，就更加不同了。

我喜欢喝点小酒，特别是浙江的黄酒。我也常跟老外一起喝酒，熟悉老外的饮酒习惯。在我随外国人参加了无数的中国宴会以后，得出一个根本的结论就是：老外最害怕的是中国人的白酒，以及中国人热情的劝酒习惯。

尽管这些年来这样的风气已经有了极大的改善，但是我想起几年以前在东北的一次体验，至今仍然心有余悸。那次我陪一位年轻的美国 CEO 到东北的一座城市访问，东北人的热情好客令美国人感动，但是对饭桌上盘子摞盘子的氛围感到非常吃惊。本来计划中只有一家企业与这个美国人进行谈判，但是谈判的时候却来了 10 个人，到晚餐时更是出现了不下 30 个人的场面。更有意思的是，这些人对老外轮番轰炸劝酒，层出不穷的祝酒词弄得老外摸不着头脑。几杯白酒下肚，那个美国人悄悄地问我，洗手间在哪。而他刚走到洗手间门口，白酒的威力就让他大吐不止，随即晕倒在地。最后的结果也就可想而知了，招商工作没有如期完成，白忙一场。

其实喝惯了红酒的老外们，并不善于品味我们的白酒，也难以懂得好客的中国主人的良苦用心。比如在中国人眼里视为国酒的茅台，据我所知，在老外喝来，跟几元一斤的散白酒并无本质区别。而高度数的中国白酒也让老外们吃尽了苦头。自周总理始的茅台招待外宾的习惯，需要改一改了。

不过，并不是说不喝白酒改喝红酒就万事大吉，喝红酒也要讲究环境和度。有一次，一位身价不菲的河南企业家请老外喝酒，上来就是一瓶 XO。老外很惊讶，企业家转眼间就倒满几个杯子，道：来，干了！老外很诧异，连连问我："Why？So much？"因为在国外他们就只喝一盎司而已。我没有办法解释这个问题，只能说这是中国人的习惯。这还没有完，一杯过后连着又干三杯，一瓶过后又是一瓶，直到把那个老外喝得晕头转向，找不到北！后来这个老外跟我说，在他们国家，从来没见过有人这样喝 XO 的！好酒好菜招待这位远道而来的客人，结果却把事情办砸了。

中国人的酒文化，确实常常让老外们很头疼，更让他们费解的是，喝酒在中国似乎是"拉关系"的工具。美国文化中一个重要的部分是尊重他人，喝酒完全是个人的事，他们不会勉强别人喝酒。而美国人的生意大多不是在餐桌上谈成的。交情归交情，生意归生意，这是他们的准则之一。

中国人走向世界，需要认识到，并非所有的老外都像我们一样，抱有拉关系套近乎、酒桌上灌酒并称兄道弟的社会风气。在酒桌上把老外灌倒，跟老外互称哥们，并不能表达自己的热情，而老外们往往会被这种火辣辣的热情吓到。另外，中国人客随主便的认知偏见，忽略了因文化的不同而造成的差异。中国人这种在千年农业社会所形成的乡土风俗，在现代社会需要改变。

因此，我们在招待老外的过程中，没有任何必要对他们大摆宴席，事实上这样做对他们来说反而是一种负担，而对我们来说也是一种没有必要的浪费，更何况还耽误时间。如果我们把花费在宴会上的时间和费用落实在更实际的事情上，应该会更有作用吧。

当然，凡事都有例外。也有愿意在酒桌上一边拼酒一边谈生意的老外。据说，20 世纪 90 年代初期，前苏联对华出售苏－27 战斗机的谈判中，就因为苏联代表团的代表们在酒桌上败给中国人，使得苏－27战斗机最终花落中国。这说明，对于不同的老外，我们要有不同的应对方式。一见到老外就拿出红酒，也不一定就是正确的。一切要看对方的风俗习惯，切勿将经验生搬硬套！

被冤枉的香水

在中国人的思维定式中，香水是一种洋玩意。甚至有这样的传说：香水的产生，是因为中世纪的法国人从不洗澡，为了遮掩浓烈的体味，法国人发明了香水。而老外们使用香水，是因为他们体味浓烈。

我认为，这种想法对也不对，但基本可以归结为偏见。

在说香水之前，先说说体味。体味是指人类及其他肢体生物散发出的特殊而天然的气味。根据个人感觉不同，它分为不良体味及清洁体味，俗语说就是有"香"、"臭"之分。而且同指纹一样，没有两个人体味完全相同。体味较集中于口腔、腋部、脚部以及汗腺发达部位。

也就是说，无论是老外还是中国人，只要是人，都有体味。而且不同的国家、民族，有着不同的饮食习惯。爱吃洋葱的欧美人遇到爱吃咖喱的印度人，或者喜欢吃大蒜的中国人遇到喜欢吃牛羊肉的穆斯林，可能尚未近身，就会发生一场体味的较量。我们可能对生活在身边的人的体味，并不在意，却对老外的体味十分敏感，这并不是因为老外的体味较中国人浓烈，只是我们不习惯罢了。而我们自认为并不突出的体味问题，也一样会困扰老外。

我曾经有一次去机场接一位老外。上了车后，与我相熟的老外很疑惑地问我："Simon, something wrong with it?"我也疑惑地看着老外，何出此言呢？这时我猛地看到司机那乱蓬蓬的头发，才恍然大悟。那位司机租住的地下室条件很差，他很少洗澡，估计是他的体味让老外产生了一些关于腐败食物的糟糕联想吧。

另外一次，我拿着一件刚刚拆开包装的羊毛衫对老外说，这是产自美国的衣服，老外拿起没有任何标签的羊毛衫，看了看，又嗅了嗅，说这是 Made in China！我很惊奇，拿过羊毛衫嗅了嗅，上面赫然有芹菜炒肉的味道。估计是这个制衣车间的女工们都是在车间里吃工作餐的，于是这些羊毛衫都带上了特有的气味标签——满是中国菜的味道，不是中国制造又是什么呢？

体味问题既让我们不安，又让老外困惑，那么在与老外打交道时，如何才能避免这样的尴尬呢？香水当仁不让。淡淡的香水，可以遮掩自己的体味，也让对方感到舒适，可以说，香水是一种人造体味，但它比真的体味更柔和，更容易让人接受。在尚未交谈之前，柔和的香水味已经让人感到舒服和亲切了，这难道不是一个良好的开始吗？

日本人在欧美，往往让老外既恨又敬。不过日本人的敬业与专注，让很多满心妒意的老外也不得不竖起大拇指。当日本商人喷上香水参加商业会议，赢得老外认同的时候，我们又有什么理由依旧对香水抱有偏见呢？在商业活动中，我们需要充分认识到，在我们眼中再正常不过的事情，其实是一种对其他文化的偏见与不尊重。改正这种偏见，从接受香水开始吧。

演讲的力量

美国人十分重视演讲，他们认为这是一项非常重要的技能。在他们看来，演讲能力并不是政府官员、脱口秀主持人或 CEO 们的"专利"。应聘求职者、商品推销员、小项目的组织者，向上汇报工作、向下布置任务，都需要演讲技能，缺乏这一技能会丧失很多成功的机会。我在美国待了这么多年，对此也是深有感触。演讲，在美国是何等重要！一般情况下，只要稍有成就的人，几乎都是演讲高手，我们可以看到小布什讲话时随时对观众的情绪作出反应，甚至不失时机地用挤眼等动作表示一下幽默；我们也看到《纽约时报》前任总编辑做简短的辞职讲话时，3 分钟就令编辑们掉泪甚至哭出声来。

在全世界所有的演讲大师之中，最让我崇拜的莫过于美国的前总统里根。且不说他极具风度的外表，他的演讲总能把一些严肃的话题，通过其特有的幽默，传达给他的听众。我在上大学的时候，就开始背诵里根总统的演讲词。里根被美国人评为最伟大的现代总统之一，这与他平生擅长演讲是分不开的。当然，里根本人也是这方面的奇才。相比之下，我们中国人在演讲方面明显逊色许多了。一些中国官员或老板到美国演讲时，要么非常紧张，要么照本宣科，要么长篇大论……这很难吸引美国听众。既然美国人喜欢被演讲打动，那么学会做精彩的演讲，对于招商引资工作来说也是非常必要的。

当然，我也知道如今的世界发生了很大的变化。借助于互联网及其他的技术沟通方式，我们可以与任何地方的任何人进行即时联系。有人会认为，出现这种即时的沟通方式后，演讲也许不像以前那么重要了。但事实上，它仍旧非常重要，因为没有一种方法可以像一个人和另一个人直接对话那样有影响力。手机短消息收发妙极了，电子邮件也妙极了，我也知道很多中国人喜欢编辑、发送即时信息，人们经常给他们的男朋友或女朋友发短消息，但是还没有什么能取代与他们的男朋友或女朋友直接见面、直接交谈。演讲也是这样，只是听众的范围扩大了。我们仍然希望能够直接接触他们，看到他们的眼睛，看到他们的面部表情和动作，我们希望据此判断出他们的真诚，与他们面对面地交流。

这些就是我认为演讲能力非常重要的原因。

那么，怎样才能做好演讲呢？

首先，穿着要正式。美国人在比较正式的场合是非常注重仪表的，所以，如果你在美国要做一场演讲，一定要注意仪表。

然后，演讲时要保持持久充沛的精力。在演讲之前，一定要充分休息，养精蓄锐。演讲时则要器宇轩昂、洒脱大方，总之，要表现出气度来。站立要稳，切勿前后摇摆。有的演讲者常常左右移动重心，这会使人觉得你心神不定。目光要前视听众，左躲右闪会给人一种鬼鬼祟祟的感觉。说话时忌望天，这样会显出目空一切或思想不集中的样子。习惯于低头看稿或看地板，不注意与听众目光交流也是不好的，好像做了亏心事一样。这几种情况，都将直接影响到演讲的效果。

当你站在演讲台上的时候，一定要镇定，即使你很紧张，也要装作自信满满的样子。只有你自己相信你自己，才能让你的听众相信你。

接着，我讲讲至关重要的演讲技巧。

照美国人的话说，演讲就是做"秀"（Show）。既然是"秀"，一定要加些噱头，玩点幽默感来吸引听众。在美国演讲"秀"多了，我不知不觉中也摸到了一些规律，在这里列出来供大家参考。下次需要演讲的时候不妨试试，效果也许会相当不错呢。

文章开头最难写，同样道理，演讲的开场白最不易把握，要想三言两语抓住听众的心，绝非易事。听众对平庸普通的论调都不屑一顾，置若罔闻，如果在演讲的一开始听众就对你的话不感兴趣，他们的注意力一旦被分散了，那后面再精彩的言论也将黯然失色。倘若发人所未发，言人所未言，用别人意想不到的见解引出话题,造成"此言一出,举座皆惊"的效果,那么听众就会被震撼,从而急不可耐地听下去,这样既达到了吸引听众的目的,也为接下来的演讲内容顺利地搭梯架桥。有几种简单的开场方式:

第一,提纲式开场白。演讲开始前,可以先把自己要讲的问题扼要地介绍一下,使听众有个整体的认识,然后顺藤摸瓜,脉络清晰,一气呵成。

第二,引起听众好奇式的开场白。即把一些与演讲内容有关的罕见的问题先提出来,使听众产生一种非听下去不可的兴趣。如果有一个与演讲内容有关的有趣的故事,也可用它作为开头。

第三,即兴发挥式的开场白。演讲者可根据会场气氛拟一段即兴开头,这可以把演讲者与听众一开始就紧紧地联系起来,使听众在感情上产生共鸣。

好的开场方式还有很多,只要你愿意用心去想,去留意。

有了好的开头,你还要再接再厉,在演讲的过程中寻机适当抖几个包袱打趣,还可以请听众参与,提几个问题,使听众保持高昂的情绪。回答问题时,一定别忘了先说:"这个问题提得好。"如果问题太刁钻古怪,一时想不起来怎么对付,也不要慌,可以反过来吹捧提问者:"不是所有的人都能提出这种问题的。能够提出一个绝妙的好问题,这问题就解决一半了。"需要注意的是,运用这种方式应掌握分寸,弄不好会变为哗众取宠,故作惊人之语。应结合听众心理和理解层次出奇制胜。还有,不能为了追求怪异而大发谬论、怪论,也不能生搬硬套,胡乱升华。否则,极易引起听众的反感和厌倦。须知,无论多么新鲜的认识,始终是建立在正确的主旨之上的。

我偷偷告诉大家一个小秘密,别以为美国人就一定比我们脑筋活络,擅长即兴发挥,其实美国人演说里面的幽默小品一般都是事先精心准备好的,而且大部分是从书上查来的。不信你到美国书店去看看,幽默小品、笑话全集,应有尽有。当然,选用什么样的幽默素材,要根据会议的内容、听众的构成和演讲的时间来定,特别是演讲的时间很关键。比如,早晨的会议,听众们还有点睡眼惺忪,没有进入状态,此时发言要直来直去,略显机智即可,不能选过长、过涩的笑话。而晚餐后的演讲会,听众们酒足饭饱,正是需要开心的时候,这时演讲者需要加大幽默力度,能逗则逗,一笑方休。假如你精心准备的幽默小品没有引起预期的笑声怎么办?别慌,书上说了,听众不笑是因为他们没觉察出那是个笑话,这没有什么关系,接着往下讲就是了。

　　此外，在幽默的时候千万不要忘记，这是一场演讲，你的目的是要让听众了解你、赞同你，从而达到招商引资的最终目标。所以，演讲"秀"不可过分。在演讲结束时，可做出一本正经的样子，简单重复一下主题要旨，引用一些哲人睿语，然后戛然而止，给已经开始打哈欠的听众们一个惊喜，若干回味。我就做过一次这样的结束发言："一位古希腊哲学家曾经说过：智者讲话是因为他们有意愿要表达，而愚者讲话是因为他们有表达的意愿。女士们、先生们，我想现在该是我闭嘴的时候了。"

　　如果你要去美国招商引资，在做准备的时候，不妨再多练习一些演讲的技巧。

学会"女士优先"

　　有几位刚来中国的美国 CEO，访华几天后突然找到我，说："Simon，我们在中国遇到麻烦了。"原来这几位绅士风度十足的美国商人，经常受到中国女主人过分热情的接待：进门请他们先进，上车让他们先上，甚至有时推着他们先走，弄得他们很不好意思，哭笑不得。我只好向他们解释：中国是讲究"客人优先"、"尊老敬贤"的国家。然而他们却说："很欣赏中国人的风格，但是，我们还是觉得有些不自在。"

　　"女士优先"，是国际社会尤其是西方国家里通行的交际惯例之一，是指在社交场合，每一名有教养的成年男士都要积极主动地在举止言行上表示自己对女士的尊敬之意，并在具体行动上努力为女士排忧解难。欧美人士普遍认为，一名男子如果不对"女士优先"身体力行，便是没有教养的粗汉莽夫。

　　我们国内很多人在餐厅、咖啡厅等公开场合，不会特别尊重女服务员，当然这个可能跟国内一些服务场所的服务态度有关系，但是在公开场合大声呵斥服务小姐是非常有失绅士风度的。

　　要注意的是，"女士优先"只是在于社交场合的事，并不是说在外国一切场合中妇女的地位都非常高。国外妇女在社会政治生活中的地位究竟如何，不是我们在这里要探讨的，我在这里要讲的是如何了解外国人的社交习惯，以便跟他们更好地进行交流。

　　按照西方国家的交际习惯，在社交场合，男士处处都要谦让女性，爱护女性，关心女性，照顾女性。步行时，男士应该走在靠马路的一边；入座时，应请女士先坐下；上下电梯，应让女士走在前边；进门时，男士应把门打开，请女士先进；下车、下楼时，男士应走在前边，以便照顾女士；进餐厅、影剧院时，男士可以走在前边，为女士找好座位；进餐时，要请女士先点菜；同女士打招呼时，男士应该起立，而女士则不必站起，只要坐着点头致意就可以了；男女握手时，男士必须摘下手套，而女士可以不必摘下；女士的东西掉在地上时，男士不论是否认识她，都应帮她拾起来。在艰难、危险的环境中，男士均应竭尽全力保护女士，比如通过危险路段时，男士应走在前面，遇到任何危险之事，男士均应主动挺身而出。

总之，男士在社交场合同女士接触时，一方面要事事尊重她们，另一方面又要处处以保护人的姿态出现，以显示男士的地位。

由于"女士优先"原则的普遍实行，世界各国无论是总统致辞，还是首相讲话、外交招待会和导游的欢迎辞，开场白一定是先说"女士们"，然后才说"先生们"，女士总是放在第一位的。

所以，我提醒大家，作为一名男士，在和外国朋友交往的过程中，一定要注意"女士优先"的社交原则。因为在中华民族传统的文明礼仪当中，并没有"女士优先"这个概念。我们的社交礼仪不是按照性别，而是按照长幼来分的，中国的传统文化和西方的传统文化存在着差异。但是在招商引资中和外国人打交道时，我们是东道主，他们是客人，在接触的时候，就要尊重客人的习惯。不管中国的男士有多么深厚的传统观念，在这个问题上一定要做到"女士优先"，比如说为女士开门，请女士先进、先坐；如果关系更近的话，帮助女士脱挂外套等诸如此类的小事都应做到。中华民族"长者优先"的观念与西方"女士优先"的观念有差异，我个人的想法是：在国内全部都是自己人的时候，应该提倡"长者优先"的美德，更进一步还可以做到平辈之间的"女士优先"。

国内没有这个传统，有时确实会疏忽。我的同事经常出国，其中有一个主任，年纪比较大，公司在一次出国之前安排了一个年轻的女同事专门来照顾他，帮他拿东西。在美国下了飞机之后，行李全部放在行李车上，由女同事推着，而主任在一边空手走着。这个景象在美国几乎是看不到的，当时几乎成了一个奇观。

因此，如果有朋友第一次去国外，我总不忘提醒他们要注意"女士优先"。男女同行，男士应主动帮助女士拿较重的物品，但不要帮拿手提包和坤包，因为里面一般有女性私人用品，不方便让男士拎着，男士帮助女士也应防止"热情越位"。

上面的小故事，集中体现了东西方礼仪文化的一种碰撞。但是，话说回来，我们在接待外国来的客人时也要注意这个问题，在社交场合中，女士一定要给你的男客人一个做绅士的机会，而男士则一定要给你的女客人留下一个绅士的印象。男士要主动地在行动上尊重女士、照顾女士、体谅女士、帮助女士、保护女士，为女士提供方便。不仅对漂亮女士如此，对熟悉的女士如此，就是对不漂亮、陌生的女士也应当如此。

除此之外，还有许多不成文的"社交惯例"。比如，当有女士在场时，男士吸烟前要先征得女士的同意。直到今天，英、美、法等国还保持这样的习俗：男士们集会，如果有女士在会场出现，男士们要站起来鼓掌，表示欢迎。

接见外国客人时，要讲究服饰，注意整洁，如果是比较正式的场合，穿着西装较好，特别注意鞋要擦亮，手指甲要清洁无污垢。美国人不习惯经常握手，但如果与女士握手，男士要斯文，不可用力；如果女士无握手之意，男士不要主动伸手，除非女士主动。握手时不能用双手。

虽然"女士优先"是跟欧美商人打交道过程中非常重要的一个礼仪原则，但是不妨在跟国人打交道的时候也经常"女士优先"，一个小小的动作可能会给你身边的女性朋友留下非常美好的印象哦！

管好你的手机

手机，是目前大多数中国人不可或缺的通讯工具。很多人可能不明白，用手机也有礼仪吗？是的，特别是在跟美国人打交道的时候，尤其要注意这点，因为手机在美国的待遇和在中国的待遇是有很大差别的。

首先是手机的铃声。我认识的很多美国朋友到中国来，对中国的手机铃声很有意见。美国人习惯手机的铃声就应该是一个电话铃声，特别是在商务环境里，这跟我们的想法有很大不同。有一次，我带一位美国客户去跟一位国内纺织厂老板就一个很大的订单进行谈判。会议中间，这位中国老板的手机突然响了起来，是很响的重金属的声音，把所有在场的人都吓了一跳，并且接二连三地又响了很多次。响声结束以后，那位美国商人跟我说，能不能请他把手机关掉。想来这位美国客人对这种手机铃声的打扰感到非常不愉快。

当然，我知道现在国内有不少人，特别是年轻人喜欢使用个性化的手机铃声。不可否认这些个性化的铃声为生活增添了不少乐趣，这种选择是个人的自由，但是过于个性化的铃声应注意使用场合。这就像穿衣打扮一样，分家里和家外两种。过于夸张的衣服可以在家里随便穿，但在办公室、在拜会客人时就不能穿，手机铃声也是一样的道理。比如，我听到过有人选用"爸爸，来电话了！"或者狗叫声等之类的手机铃声。在跟外宾谈判或者一些严肃的场合，这种铃声不断响起，对周围人就是一种干扰。如果确实喜欢这些铃声，应在正式的场合中将铃声调到振动上。

我还曾经听说这样一件令人啼笑皆非的事：几位巡警巡逻经过一辆豪华旅游车时，突然听到里面传来一阵急迫的呼救声："抓贼呀，抓贼呀，抓偷手机的贼！"他们急忙将这辆旅游车拦住，可上车一看，乘客们全都在呼呼大睡。忽然，"抓贼呀……"的喊声再次响起。循声找去，原来这"呼救"是从一名熟睡的乘客手机里传出的。可想而知，如果这样的铃声到处都是的话，公众秩序一定大乱。

再就是彩铃。彩铃在中国是越来越受欢迎了，有些彩铃很搞笑，或很怪异，与千篇一律的"嘟嘟"声比起来，确实有独特之处。但是，彩铃是给打电话的人听的，如果你需要跟美国人接触，并且需要经常使用手机联系业务，最好不要使用彩铃，更别说怪异或格调低下的彩铃，以免影响你的形象。因为在美国人的字典里面"彩铃"这个词语还不流行，很多老外还不知道这是怎么一回事，所以千万别让你的未来生意伙伴感到怪异。

短信盛行也体现出一种中国文化。我在国内的时间，喜欢用手机发短信，这说明我虽然在国外待了很久，但其实还是很中国的。有人感到奇怪，手机短信在中国红透半边天，但是在美国却怎么也火不起来。据统计，美国人一年发的短信量仅比中国人7天发的短信多一点。

这绝对跟不同国家的国民性格有关。中国人比较含蓄，有些话不方便从口里说出来，通过短信能得到很好的表达。而美国人是一个绝对喜欢交谈的民族，他们更愿意直接打电话或见面，而不是发送短信。

我发现美国人不喜欢发短信还有一个很有意思的原因，就是美国人太高大，手指太粗，而手机却越做越小，他们懒得一点一点地在小小的手机上挑选字母，认为那样既不方便，又浪费时间。

我有一个美国朋友，是一家大公司的老板，他的手机配置比我家小保姆的还简陋，手机型号比较古老，不是彩屏，没有和弦铃声，更别说摄像头了，而且手机个头非常大，不过这个美国朋友，个高手大的，拿着倒也般配。他的手机就只有一个功能：打电话。他的手机上没有通讯录，通讯录全部在掌上电脑里，用的时候就查一下，工作主要用笔记本电脑，从来不发短信，有事情就发电子邮件，不行就打电话。

我一开始就说了，手机这个东西在美国的待遇和在中国的待遇是不一样的。在中国，手机的用途非常广泛，在人们的生活中已经时尚化了；但是在美国，手机只是用来打电话的。两年前，我的美国朋友 D 第一次来到中国就大吃一惊：无论大都市、小县城还是农村，几乎人手一机。D 非常想不通，中国人怎么这么富有，有这么多人要买手机。在美国很多人不用手机是因为费用太高，而在这个发展中国家里，手机竟如此普遍。D 一开始真地被吓到了。我们都知道，在中国的任何城市，很容易就能找到一家手机商店，它们遍布在城市的各个角落。但是 D 说，在美国就不是这样的。

Simon 讲了这么多，目的就是要提醒大家，在跟美国人打交道的时候，使用手机应该格外注意。

最后，我再强调一下在商务环境中使用手机的基本礼仪：

在会议中以及跟别人洽谈的时候，最好还是把手机关掉，或者调到振动状态。这样既显示出对别人的尊重，又不会打断发言者的思路。另外，在会议中以及跟别人洽谈的时候，即使使用手机接收短信，也要设成振动，不要在别人注意到你的时候查看短信。一边和别人说话，一边查看手机短信，这能说明你对别人的尊重吗？还有一个更好的办法就是，开会的时候干脆交给秘书、会务人员代管。

后 记

世界变化得太快了，已经大大超出了我的想象。

10多年前，我刚从美国归来，觉得中国简直是购物天堂，物价低得惊人，怀揣几百美元的我依稀产生了自己是个有钱人的幻想。可10多年后，我再回美国，却发现美国的物价与中国已经相差无异。从物价上，已经分辨不出中国和美国，哪一个是发达国家……

曾几何时，当G8峰会上，众多富国领导人聚会时，我坐在电视前慨叹着，落在世界脚步后面的中国，何时能够出现在G8的舞台上？没想到，今日，整个世界已经归入了中美共掌G2的规划中……

10多年前的中国人对偶尔出现在中国都市街头的外国人抱着一种近乎盲目的崇拜。而如今的一些中国人，几乎用暴发户般的自大俯视老外……

在奔波于世界各地的我看来，世界在变，中国也在变。

我有着20多年的对外商务经历，与外商打过不少交道。即使如此，面对这个变化一天快似一天的世界，我依旧不敢妄称自己为专家。我承认，对于这个时刻变化着的世界，需要用新的视角去打量。

然而，我觉得无论这个世界怎样变化，终究有一些东西是不会变的——人依旧是人，依旧需要与其他人沟通。回顾从前出版的《交道有方》和《如何与老外做生意》这两本书，我更加感觉沟通在这个变化的世界中是多么的重要。如今的中国人，应该自信并且积极主动地融入地球这个大家庭中，只有这样才能以不变应万变，在这个飞速发展的世界中立足。

我在结束了这本书的写作工作后，深深地意识到，在如今的世界，大的文化圈在不断缩小，而融合后的大文化圈中，小文化圈却在不断地形成。这是一个重新组合、重新开始的世界，机会随之诞生，令人振奋的事业即将建立。中国人要在这个机会中有所作为。

　　放眼全球，能够真正带给中国人机会的也许是地球另一端的北美大陆。就在两个星期前，我开车从美国西部的洛杉矶到东北部的托莱多，横跨了加利福尼亚州、内华达州、犹他州、科罗拉多州、堪萨斯州、密苏里州、伊利诺伊州、印第安纳州等八大州，我近距离地感受到了美国在自然、资源、文化方面的多样性。它不仅有密西西比河河谷的丰饶肥沃，还有沙漠地带的荒凉贫瘠；它不仅有好莱坞式的浮华热闹，还有寂寞小城的普通平淡；它不仅有拉斯维加斯的繁华拥挤，还有西部破落小镇的萧条冷清；它不仅有中西部民众的热情善良，还有卡车司机的粗暴无礼。你可能不会想象得到，在美国州际公路两旁，大多是空旷的、未开垦的土地，一望无际的大草原，成群的牛儿在悠闲地吃草，甚至行驶数小时都遇不到一辆车，真有一种说不出的荒凉。而这其中是否就蕴涵着大量的商机呢？

　　我曾经看到在水草丰美的北美大草原上，成千上万的北美野牛在奔腾。它们冬季向南方迁移寻找食物更丰盛的地区，春季则向北方迁徙。而这些为了生存和繁衍后代不断从南到北，又从北到南奔波的北美野牛是否与四处奔波、寻找更好生存环境的人类极其相似呢？千百年来，中国人为了生存和子孙后代的繁盛同样在不断地迁徙着，在不毛之地上开垦出一块又一块的沃土良田，全球各地遍布华夏儿女的身影。如今，新的开垦又开始了。这一次中国人播洒下辛劳与胆识，收获的将是财富和幸福。

　　这本书得以面世，需要感谢的朋友有很多，例如身为 80 后的刘洋夫妇，他们富有创造性的观点为本书带来很多帮助。同时，我还要感谢与我共事多年的同事、我的美国朋友们以及浙江人民出版社的编辑等，他们的支持与鼓励是我完成这本书的极大动力。

附　录

托莱多随笔

记得那是初夏的清晨,我乘坐出租车从底特律国际机场出发,由于美国高速路上的风景有限,没过一会,我便有些困意了。大概过了 45 分钟,一股清新的空气让我不由得精神一振,睡眼惺忪的我看见公路上的车子大多拖着游艇,车速不快,隐约听到悠闲的美国乡村音乐从一辆辆车窗中飘了出来,与路边郁郁葱葱的森林相映成趣。放眼望去,远方是和蓝天一样蔚蓝的湖水。这可真是个好地方!我忙问出租车司机,这是哪里?出租车司机是位典型的美国黑人,他笑笑,高兴地说:"这就是我可爱的家,也是你的目的地——托莱多!"天啊,这里居然是距离汽车城底特律不足一小时车程的托莱多!谁能想到,在五大湖工业带上的玻璃城托莱多,居然是这样一个自然环境优美的城市!这哪里是什么工业城市,分明是一座旅游城嘛。我的托莱多之旅,就是以这样的震撼开场的。

第一次到托莱多时,的确给了我不小的震撼。虽然我在美国打拼多年,可多是往返于纽约、波士顿、拉斯维加斯和底特律这样的繁华大都市,像托莱多这样的森林城市,还真是很少去。

到了市区,出租车司机建议我去托莱多的艺术博物馆看看,正好还有些时间,我就接受了他的建议。托莱多艺术博物馆建于 1901 年,是全球著名的艺术博物馆之一。馆藏品包括来自世界知名绘画大师凡高、毕加索、弗朗西斯科、皮耶罗等人的艺术珍品,还有装饰品、玻璃艺术品等。托莱多艺术博物馆记录了托莱多的城市历史。踏上博物馆宽大的台阶,还会看到古希腊爱奥尼式柱子,这样的设计据说是为了表达托莱多将玻璃制造艺术继续提升的愿望。《纽约时报》的记者甚至拿它和巴黎凡尔赛宫的镜宫媲美,认为它将继凡尔赛宫的镜宫之后,成为又一尊透射建筑的纪念丰碑。博物馆内部的展厅,是一个个玻璃的"圆形房子",这些展厅的外层也是玻璃做的,和整个博物馆的大外围互相映射着光亮,让我的托莱多博物馆之旅成为一次曼妙的视觉享受。

　　第一次见到托莱多市市长贝尔，着实让我有些吃不消。贝尔市长是位高大魁梧的黑人，这位前托莱多市消防队的队长以托莱多人特有的热情给我来了个熊抱，让习惯了握手礼的我有些措手不及。贝尔市长对我的到来非常欢迎。他说，随着中国经济的发展，越来越多的中国投资者来到托莱多，这个从前在中国人眼中有些陌生的美国城市，如今因为中国投资者的到来，显得有些熙熙攘攘。贝尔半开玩笑地说："Simon，听说你们中国的市长不但要管理市政，还要负责招商引资，我这个美国市长要向你们多多学习。"

　　我到托莱多的第一顿午餐，是在伊利湖湖岸的一家水上餐厅上享用的。从市区到餐厅，是贝尔市长亲自驾着游艇送我去的。在途中，贝尔还停下船和我钓了一会儿鱼，斩获颇丰。到了餐厅，贝尔市长自掏腰包，吃的是他在湖区钓到的鱼和打到的野鸭。贝尔对我说："Simon，我非常欢迎中国人的到来，不过我怕你们中国人来得多了，我们这儿的野鸭会越来越少。"这顿午餐我吃得格外香甜，据贝尔介绍说，伊利湖曾经有段时间污染很严重，后来美国联邦政府不得不实施了一系列整治计划，如今的伊利湖，已经恢复了往日的清澈。从湖中钓到的鱼，味道异常鲜美，少有国内河鱼的土腥味，这或许是因为湖水水质好的缘故吧。而这顿午餐还有一个不可缺少的调料——那就是透过水上餐厅的玻璃墙所看到的托莱多风光。如此好客的主人，如此优美的风景，这餐饭如何能不可口呢？

　　吃罢午饭，我开始和贝尔市长洽谈来托莱多投资发展的项目，而在这期间，贝尔市长不断接到电话，电话的内容大多是关于中国人来此投资的。从贝尔市长忙碌的程度看来，托莱多如今已经受到越来越多中国投资者的青睐了。也难怪，这样一座美丽的城市，怎么能不让人心动呢？

　　谈完项目，贝尔市长还邀请我晚上一起去听音乐会。那是一场托莱多市政当局为中国投资者准备的音乐会，由美国国内知名的托莱多交响乐团演出。在他们精湛的演奏即将终结时，响起了一首中国人耳熟能详的乐曲，那是中国的《茉莉花》。这支曲子曾经代表中国，在2008年奥运会的颁奖台上屡次奏起，如今成为中美友好的见证在托莱多响起。

托莱多概况

托莱多(Toledo)是美国俄亥俄州第三大城市,位于美国中西部,是著名的五大湖区港口城市。托莱多连接着美国西北部地区和加拿大东南部地区一半以上的工业市场。

托莱多是美国中西部地区著名的工业城市,支柱产业主要有:汽车制造与配件加工工业、玻璃制造工业以及太阳能产业。具有完善的配套服务业体系(酒店业、娱乐业、展览业等等)。

托莱多市人口约 120 万,市区人口约 31 万,全美排名第 57 位。城市总面积为 84.1 平方英里(217.8 平方公里),大陆性气候,四季分明,非常适宜居住。平均气温与北京相仿,但相对湿润。托莱多周边的栎树开放区域大约有 300 平方英里,是重要的生态地区,被美国国家植树节基金会授予"美国森林城市"的称号。

一、优越的地理位置

托莱多是美国"五大湖"区域最大的港口城市,在俄亥俄州西北部及伊利湖的西部末端处,与密歇根州接壤。

在五大湖区,拥有美国和世界著名的工业地带之一,又称美国"制造业带"。"制造业带"位于美国五大湖、密西西比河、俄亥俄河以及阿巴拉契亚山脉之间,包括俄亥俄、威斯康星等 5 个州。面积仅占国土面积的 6.9%,但人口却占全国总人口的 18%。这里地势平坦,土壤肥沃,气候温和,雨量充足,煤、铁资源丰富,有便利的水陆交通连接美国和加拿大全境。

现在,这里的制造业及其就业人口比重均居全国首位。突出的工业部门有以汽车为主的运输设备制造、机床和农业机械制造、电气设备、钢铁、炼油、化学以及肉类、粮食等农畜产品加工部门。五大湖区农业产值占全国近 16%,仅次于中央西北区,居于第二位。种植业以大豆、玉米、燕麦为主,畜牧业以乳牛、肉牛业和养猪业为主。这里是世界上生产率最高的农业区。丰富的农畜产品为农产加工业和食品以及轻工业的发展奠定了基础,使这里成为全国最大的肉、乳加工工业地带。大湖南岸形成大致呈东西方向伸展的工业和城市密集地带,被称为"美国经济地理枢轴"的"横轴",其中包括美国第二大城市芝加哥及底特律、克利夫兰等。

二、便捷的交通

机场

底特律国际机场:距离托莱多45分钟车程。可直达中国北京、上海、广州、香港,以及日本东京、韩国首尔等城市,飞行时间约11—12小时。

托莱多快速机场:直达美国各大主要城市,起降波音747大型飞机。机场设有5000平方英尺的冷藏仓库,可用于储藏易腐货物。

梅特卡夫机场:距托莱多市中心10分钟车程,可起降大型喷气式飞机。主要服务于私人及社团。

港口

托莱多港是五大湖区最大的港口,是距离北欧最近的美国主要港口。距托莱多港南40英里处,CSX公司正在建造一个大型多式联运枢纽,这将成为美国最大、最高效的内陆多式联运港,国家级口岸之一。

托莱多港有美国第八外贸区,也是伦敦金属交易所处理和储存设备的地方。

中国大宗货物商品运抵托莱多港口仅需 10 天左右。

铁路

托莱多是美国五大铁路交通枢纽之一。有多个铁路站场可转载石油产品、汽车零部件、整车、散装及分件货物、食品等。CSX、NS 及 CN 是托莱多地区主要的铁路货运代理,从船只、驳船到货车、铁路运输,托莱多可以满足企业所有的多式联运需求。

公路

多条国家高速公路和州际公路贯穿托莱多。在托莱多通过公路运输可以将货物运送至占美国总人口 60% 以上的地区。托莱多至美国主要城市的时间分别为:至底特律 45 分钟,至芝加哥 4 小时,至纽约和华盛顿 9 小时。

三、雄厚的经济基础

汽车工业

伴随着工业革命的爆发,特别是汽车工业的发展,依托于底特律汽车城,托莱多逐渐发展成为著名的汽车工业制造城市。有多家世界 500 强汽车企业的总部设在托莱多,如吉普(Jeep)汽车和德纳(Dana)公司。通用汽车与克莱斯勒汽车在托莱多都建有工厂。

玻璃制造工业

托莱多是世界著名的玻璃制造工业城市,是美国玻璃制造业的核心,拥有完善的玻璃工业配套产业链。长期以来,托莱多在全美玻璃制造领域一直保持着领先地位,包括汽车挡风玻璃、建筑幕墙玻璃、玻璃艺术、生活玻璃等等。代表公司主要有:欧文·伊利诺公司(Owens-illinois)和欧文·斯科宁公司(Owens conning),这两家公司都是世界 500 强企业。

太阳能产业

托莱多被美国总统奥巴马称为可再生能源领导者,被 CNN 誉为"太阳能产业的硅谷"。在过去 5 年中,托莱多市的太阳能产业高速发展,已逐渐成为世界上研究、开发、制造、应用太阳能科技的热点地区。代表企业第一太阳能公司,它是世界上最大的薄太阳能电池模组生产商。

四、富饶的自然矿产资源

五大湖区不仅风景秀丽,而且地下资源丰富,具有储量大、品种多、质量好、开采便利等特点。位于湖区东面的阿巴拉契亚山地是美国最重要的煤田,其储量占全国的一半。苏必利尔湖的西面和南面是美国重要的铁矿产区,蕴藏量约占美国的80%。在休伦湖和密执安湖沿岸还有丰富的石灰石、锰、铀、金、银、铜和盐等矿产资源。

五大湖具有重要的航运价值, 对附近地区经济发展起着很大促进作用。五大湖不仅彼此相连,而且还有许多天然水道与运河同海洋连通一气。为了使大型远洋海轮可直接驶入五大湖最西部的苏必利尔湖沿岸,美、加两国开通了圣劳伦斯海轮新航道,沿湖许多大城市可与世界一些大港口直接通航。

另外,五大湖附近还拥有丰富的水力资源。仅伊利湖与安大略湖之间的尼亚加拉瀑布附近,就蕴藏着600万千瓦以上的水力资源。目前,美、加两国在这里分别兴建了水电站,装机总容量约300万千瓦。

五、丰富的教育资源

托莱多市为市民提供丰富、高品质的教育资源。其中以托莱多大学和托莱多公立学校为代表。

托莱多大学是一所美国知名的公立综合大学。总面积达450英亩,有六大校区,其中主校区被评为全美最美的20座大学校园之一。学校建于1872年,已有135年的历史,近3万名在校学生。托莱多大学商学院是通过AACSB(国际精英商协会)认证的商学院之一(全球前15%的商学院才能获此认证)。工程研究项目名列全美第18位,高于达特茅斯大学和密斯根大学。药学院项目居全美前3名。法学院位列全美百强,俄亥俄州律师考试通过率名列前茅。

托莱多公立学校是俄亥俄州最大的城市学校之一,学校提供小学、初中到高中的一整套教育。

托莱多周边还有一些知名的大学或学院,如博林格林州立大学、戴维斯学院、罗德斯学院(西尔韦尼亚)、默西学院、门罗县社区学院(门罗多)、欧文斯社区学院(佩里斯堡、俄勒冈)、西南学院、史托特赞伯格学院(莫米)、荷晶大学、ITT技术学院(斯普林菲尔德镇)等。

美国俄亥俄州托莱多市五大湖国际商品交易中心
——中国供应商低成本打入北美市场新模式

五大湖国际商品交易中心是得到中美两国政府认可及大力扶持的商业项目，是中国企业进入北美市场，进而占领全球市场的绝佳平台。五大湖国际商品交易中心本着最大化地分担企业风险、帮助客户创造财富、与客户共同发展的原则，专注于服务少数优质的中国供应商。中心为所有入驻企业提供"信息＋展示＋推广＋销售＋仓储物流"的五位一体海外托管模式，包括产品展示、推荐营销、360度全球推广、实体展会＋虚拟展会、买家对接、报关、仓储、物流、售后服务、财税咨询、法律咨询等一整套解决方案，真正做到企业在海外市场的无忧销售与管理。

五大湖国际商品交易中心位于美国托莱多市市中心，是一座现代化、高标准的五星级商业大厦。卓越的办公环境、先进的科技设施、完善的配套服务、友好的商业氛围让五大湖国际商品交易中心成为中国优秀供应商登陆美国市场的至优之选。

未来5年内，托莱多市政府将以五大湖国际商品交易中心为核心，在涵盖五大湖国际商品展览中心、湖边别墅区等在内的5英里范围内建设托莱多国际新城，进而打造享誉北美乃至全球的国际贸易新地标。

五大湖国际商品交易中心

五大湖国际商品交易中心中国区总部

地址：北京市朝阳区新源里16号琨莎中心1座21层（100027）

电话：＋86 10 84682751

传真：＋86 10 84683986

网址：www.5lakesglobal.com

Email：sale@5lakesglobal.com

美国五大湖区经济发展协会：
为中国企业带来新机遇

RGP(美国五大湖区经济发展协会，Regional Growth Partnership)总部位于托莱多市，经过 25 年的发展壮大，已经由从前受政府和美国商会扶植的机构发展成为依托 56 家集团和大学为支撑的私营、非营利性机构。RGP 致力于为俄亥俄州西北部及密歇根州东南部地区培养全美及国际范围的经济发展机会，支持中小型科技企业的商业化发展，并且积极促进当地企业与国际企业间的贸易往来。RGP 的发展目标是构建高科技、高效能经济。

欢迎访问 http://rgp.org 了解更多信息。

图书在版编目（CIP）数据

创投美利坚 / 郭志新著. —杭州:浙江人民出版社,
2011.9
ISBN 978-7-213-04661-2

Ⅰ.①创… Ⅱ.①郭… Ⅲ.①跨国兼并–研究–
中国 Ⅳ.①F279.247

中国版本图书馆 CIP 数据核字(2011)第 186047 号

书　　名	**创投美利坚**	
作　　者	郭志新　著	
出版发行	浙江人民出版社	
	杭州市体育场路347号	
	市场部电话:(0571)85061682　85176516	
责任编辑	朱丽芳　　徐江云	
责任校对	戴文英	
电脑制版	杭州兴邦电子印务有限公司	
印　　刷	浙江新华印刷技术有限公司	
开　　本	710×1000毫米　　　1/16	
印　　张	12.75	
字　　数	18万	
插　　页	4	
版　　次	2011年9月第1版·第1次印刷	
书　　号	ISBN 978-7-213-04661-2	
定　　价	32.00元	

如发现印装质量问题,影响阅读,请与市场部联系调换。